華志文化

華志文化

# 勵志聖經

## 卡耐基之人性的弱點與優點

HOW TO WIN FRIENDS & INFLUENCE PEOPLE

**社交心理和溝通技巧**
**的必讀「聖經」**

- 實用的人際關係著作
- 卡耐基思想理論精華
- 挖掘人們體內的弱點
- 擊敗人類生存的憂慮

卡耐基所著之《人性的弱點》與《人性的優點》的濃縮精華本。
二十世紀偉大心靈導師巨著，歷史最暢銷的勵志經典。
他告訴現在的年輕人，愈早讀卡耐基的作品，人生就愈早獲得成功！

**濃縮**
**精華版**

【美】戴爾．卡耐基(Dale Carnegie)◎著

**卡內基成功學的奠基之創作**
**亞馬遜網站心理排行榜叢書**

**濃縮卡耐基思想理論最精華的部分**
**全球各種版本累計銷售已逾千萬冊**

本書一上市就風靡全球，被翻譯成全世界的譯著，
全球總銷量僅次於《聖經》，是全球第二大暢銷書。

## ★序言：充滿智慧和力量的世界勵志聖經

在出版史上，沒有任何一本書能像卡耐基的著作那樣深入人心。也惟有卡耐基的書，才能在他辭世後，還能佔據我們的排行榜。

——《紐約時報》

由卡耐基開創並宣導的個人成功學，已經成為這個時代有志青年邁向成功的階梯。透過他的傳播和教導，使得無數人明白了積極心態的意義，並由此改變了他們的命運。卡耐基留給我們的不僅僅是幾本書和一所學校，其真正價值是：他把個人成功的技巧傳授給了每一個想出人頭地的年輕人。

——約翰·甘迺迪（美國第三十五任總統）

卡耐基作品的唯一目的就是　明你解決你所面臨的問題：如何在日常生活、商務活動與社會交往中與人打交道，並有效地影響他人；如何克服憂慮，創造幸福美好的人生。當你解決這些問題之後，其他問題也就迎刃而解了。

——拿破崙·希爾（成功學專家、暢銷書作者）

## 序言

當今世界的成功學家——卡耐基一生中重要、生動的人生經驗的彙集，也是一本記錄成千上萬人如何擺脫心理問題，走向成功的實例彙集。

本書一經出版，改變了千百萬人的生活和命運，被譽為「克服憂慮獲得成功的必讀書」、「世界勵志聖經」。這本充滿智慧和力量的書能讓你瞭解自己，相信自己，充分開發蘊藏在身心裡而尚未利用的財富，發揮人性的優點，去開拓成功幸福的新生活之路。

本書是卡耐基成功學奠基之作，薈萃了卡耐基思想理論最精華的部分。該書創作於二十世紀早期，當時美國經濟陷入蕭條，戰爭和貧困導致人們失去了對美好生活的嚮往。本書作為一本實用的人際關係著作，從人性本質的角度，挖掘出潛藏在人們體內的弱點，使人們能夠充分認識自己，並不斷改造自己，從而能有所長進，直至取得最後的成功。

作者講述的許多普通人透過奮鬥獲得成功的真實故事，激勵了無數陷入迷茫和困境的人，幫助他們重新找到了自己的人生。

本書一經上市就風靡全球，幾十年間被翻譯成全世界幾乎所有的主要語言，全球總銷量已達一億五千餘冊，銷量僅次於《聖經》，是全球第二大暢銷書，被視為社交心理和溝通技巧的「聖經」。

請讀一遍這本書，然後讀第二遍，第三遍。並且開始運用這些原理。它們很簡單，但非常有效，它們會幫助你開始豐富你的生活。

成功其實如此簡單，只要遵循卡耐基先生這些簡單適用的人際標準，你就能獲得成功。

本書為卡耐基所著之《人性的弱點》與《人性的優點》的濃縮精華集結本，在讀者日漸繁忙的時代裡，希望這些精美的重點譯著，能得到您的青睞並對您有所幫助。

# 目錄

目錄：

目錄

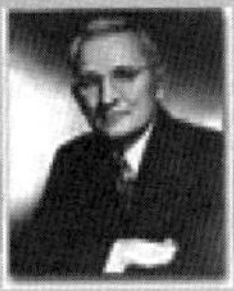

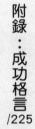

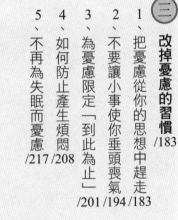

二十紀最偉大的成功學大師戴爾・卡耐基

## ★上篇《人性的弱點》

戴爾．卡耐基（一八八八～一九五五年）是美國著名的心理學家和人際關係學家，二十紀最偉大的成功學大師，美國現代成人教育之父。他一生致力於人性問題的研究，運用心理學和社會學知識，對人類共同的心理特點，進行探索和分折，開創並發展出一套獨特的演講、推銷、為人處世、智慧開發於一體的成人教育方式。

他以超人的智慧、嚴謹的思維，在道德、精神和行為準則上指導萬千讀者，給人安慰，給人鼓舞，使人從中汲取力量，從而改變生活，開創嶄新的人生。卡耐基開創的「人際關係訓練班」遍佈世界各地，多達一千七百多所，接受培訓的有社會各界人士，其中不乏軍政要員，甚至包括幾位美國總統。千千萬萬的人從卡耐基的教育中獲益匪淺，卡耐基的思想和觀點影響著這一代的美國人，甚至改變著世界。

當經濟不景氣、不平等、戰爭等惡魔正在磨滅人類追求美好生活的心靈時，卡耐基的精神和思想，就成了人們走出迷茫和困頓的最有力的支撐。即使在現代社會中，卡耐基對人性的洞見，仍然指導著千百萬人改變思想，完善行為，走上最佳的成功之路。

卡耐基成功學全書是卡耐基思想精華的彙集。卡耐基所著的《人性的弱點》、《人性的優點》、《語言的突破》等著作，自問世以來，被譯成多種文字，成為西方最持久的暢銷書之一，風靡全球，被譽為「人類出版史上的奇蹟」。

《人生的弱點》被譽為《聖經》之後，是人類出版史上的第二大暢銷書，它改變了幾代西方人的人生命運。它出版於一九三六年，由卡耐基授課所用教材演變而成的。當時卡耐基在為紐約商業界和專業人士講課時，逐漸瞭解到，學員們不僅需要在「有效的說話」方面受到訓練，還需要另一種訓練，以獲得在日常生活和社交中與人相處的藝術。他深信，人們除了渴望健康之外，最需要的便是研讀改善人際關係、教人做人處世的書，但當時並沒有這樣的書，於是他決定自己來寫。

《人生的弱點》的編寫目的，是為了使人們改正自身的種種弱點，讓人們在日常生活、商務活動與社會交往中學會如何與人打交道，並有效地影響他人，從而掌握面對現實生活的絕對能力。此書雖然寫於上世紀三〇年代，但它永遠不會過時，主要是因為卡耐基對人性的深刻認識，以及它為根除人性的弱點所開出的有效處方。

正如卡耐基所言：「一個人的成功，只有百分之十五在於他的專業知識，還有百分之八十五在於他表達思想、領導他人及喚起他人熱情的能力。」只要你不斷反覆研讀，它必將助你獲取成功所必備的那百分之八十五能力。

# 一 把握人際交往的命脈

## 1、牢記他人的名字

在人類交往當中，有一個重要法則：永遠尊重別人。如果你遵守它，就會萬事如意，得到無數的朋友，無窮無盡的快樂。曾有智者說過：「一個人只要真心實意地關注別人，三個月內所得到的朋友，將比一個只關注自己的人三年內交的朋友還要多。」而尊重別人的首要條件就是記住對方的姓名。

姓名對於一個人的意義非同一般，當兩人並不熟悉時，名字對雙方來說可以代表一切。有研究證實，一般人都會對自己名字的發音比世界上任何聲音更感興趣。因此，如果你希望別人對你有印象，希望有好人緣、好機會，希望靠近成功更近的話，那麼牢記他人的名字是必不可少的一項功課。

牢記他人的名字，並隨時說得出來，這看似是一件小事，但其中包含的奧妙卻超乎想像，因為這是你與他人建立第一印象、建立好感的第一步。它就像一把金色鑰匙，幫你打開通向和諧融洽的方便之門。

其實很多時候，當我們被介紹給一陌生人，在幾分鐘的談話之後，臨別的時候們會發現自己甚至連雙方的名字都記不起來。甚至雙方初次見面時熱烈地寒暄，互遞名片，親切得如同老友，可是一轉身，卻再也想不起來對方的名字。這時人們總是喜歡抱怨：「我的記憶力不好。」似乎認為記不住別人的姓名，是一件理所當然的事。

善於記住別人的姓名是一種禮貌，也是一種感情投資，在人際交往中會發揮意想不到的效果。美國一家電器公司的董事長請公司的代理商和經銷商吃飯，他私下讓秘書按座位把每位來賓的名字依次記下，這樣董事長在飯桌上與每位老闆交談時都能隨口叫出他們的名字，這讓每個人都驚訝不已，生意也順利地談成了。

我家附近有一所私立學校，學校的校長就深諳「叫出對方名字」的魅力：他把記住學校每一名學生的名字，當成每天的作業來練習。如果是一年級新入學的學生，他就靠他們的照片來記名字。因此，當校車把學生載到學校時，校長就能叫出每一位學生的名字，並寒暄一番。這對剛剛接觸一個陌生的新環境、心裡難免有些忐忑不安的新生來說，無疑是吃下了一顆定心丸。而對於支付了不菲學費、愛子心切的家長來說，校長的招呼也使他們大為安心，因為他們從孩子的口中得知，校長很照顧他們的孩子。

因此，大多數家長都願意把孩子送到這所私立學校，與此相應，該校的註冊率加倍成長，教學設施也得以擴充，成為享譽一方的知名學校。當然，我們然的成果完全歸功於校長記學生名字這件事，但不可否認的事實是，這位校長成功地扮演了教育家和行銷員雙重角色。

由此不難看出，脫口說出對方的名字在人際交往中的作用是不可小視的！所以，能叫出對方名字與不能叫出對方名字的人，他們的人際關係的好壞往往相差懸殊。

偉大的拿破崙的侄子，也就是法國皇帝拿破崙三世，曾經自誇說即使自己公務繁忙，他也能夠記得住每一個曾經見過面的人的名字。他是不是採取了什麼奇妙的方法呢？並不是這樣。他的方法遠遠簡單得超過我們的想像，如果他一開始沒有聽清楚姓名，他就會說：「對不起，我沒有聽清楚你的名字。」如果那個姓名並不多見，他會說：「你告訴我這個名字的拼寫方法好嗎？」在談話之中他會費心地把姓名反覆記憶數次，並且在腦海之中把這名字和這個人的外貌、神情以及其他特徵聯繫起來。

如果這個人的地位很重要，他會用更多的時間來記憶。當客人離開，只剩下他一個人的時候，拿破崙三世會馬上把這個名字寫在紙片上，默默記憶，等到記牢之後，再把紙片撕掉，這樣一來，他就得到了深刻的印象。

牢記他人的名字是件比較繁瑣的事，可能會花費相當的時間和精力，可是不要忘記了愛默生曾經說過的：「好的禮貌是由小的犧牲換來的。」這裡有牢記他人的十三條法則，將有利於你記住對方名字。

（1）**心理定勢**。會見生人前，你要有充分的自信心，要相信自己完全能夠記住對方的名字和相貌。如果你沒有自信，總抱怨自己記性差，記不住人名，那麼就沒有了積極性，結果你就真的記不住了。所以你要堅定信心，沉著放鬆，告訴自己這很容易辦到。

（2）**觀察**。見面時你一定要直視對方，不要東張西望，要集中注意力去觀察對方的面部特徵，肢體語言。後面我們將給你提供一份關於面部特徵的一系列分類觀察法，包括從頭頂到下巴多種特徵分類依據。很多人比較粗心，不去仔細觀察對方，這也是他記不住別人相貌的一個很重要的原因。你的觀察技巧越熟練，對人們的相貌差異會看的越清楚，就越會幫助你記憶。

**（3）傾聽。**你應當有意識地，盡可能聚精會神地聽人家的名字，這是初次會面時的一個關鍵。你要想記住人家的名字，就不能事先認定自己記不住，許多人正是在這方面缺乏信心，因而根本不注意聽名字的發音、拼寫，自然就真記不住了。

**（4）請求重複。**即使你已經聽清楚了人家的姓名，最好也禮貌地說一句「對不起，可以再重複一遍嗎？」重複是記憶的重要方法，每重複一遍你想學的東西，記住它的可能性就會增大。

**（5）驗證發音。**聽了對方的姓名後，你可以直接重複一遍對方的名字問他自己的發音對不對，即使你讀的不很準確，對方也願意耐心地告訴你正確的發音。因為他感覺到了你很重視他，你在努力記住他的名字。你的請求既增加了你的親切，又重複地記憶了一遍名字，這就更進一步增加了你記住人名的可能性。

**（6）請求拼讀。**如果你對人家名字的拼法（寫法）有疑問，可以禮貌地或開玩笑地請求對方拼寫一下，這樣又增進了記憶。

**（7）追根求源的癖好。**你可以向對方解釋說，自己有一個新的癖好，就是喜歡知道姓氏的來源和背景。你應當以不過分的熱情，禮貌地詢問對方是否知道他（她）自己姓氏的來歷，哪怕一點也行。你可能會吃驚地發現，大約一半的人不僅知道自己姓氏的某些來歷，而且對這一話題還特別感興趣。這樣，你既增加了親切感，又獲得了多次重複記憶的機會。

**（8）談話中的重複。**將關切、禮貌和重複的原則進一步實施的辦法是，在同新結交的人談話時盡可能地提起人名。這種重複能幫你更牢固地記住人名，而且會使對方對你產生好感。

**（9）內心重複。**在談話的短暫間歇時，留心看看講話者和聽話者，在心裡再暗自重複一遍他們的名字。

**（10）休息時稍加複習。**在談話後休息時間，請花些時間回憶一下剛才與每個人見面的情景，重複他們的名字、拼寫、姓氏起源以及發生的有趣的東西，這樣你就可以在每個姓名的周圍建立起可供以後聯想的資料。

**（11）分手時重複。**跟人家道別時，最好提起人家的姓名，要知道一件事情的開頭和結尾兩段是最容易記住的。

**（12）溫習。**心理溫習：同新結識的人分手後，設法在腦海裡一一閃現那些人的姓名、相貌。照片溫習：如果有對方的照片或者與對方的合影，可參照回憶。備忘錄：類似檔案之類的形式，把你會見的人、時間、地點、日期、內容和面貌特徵等登記。

**（13）進行聯想。**聯想可以在會面的過程中完成，也可以在會面後根據一些特殊的事件、特徵再進行聯想。主要是把姓名和面部特徵、特殊的事件、話題、肢體語言等混合在一起聯想，每個人的印象要鮮明，有獨特的區別與其他人的特徵。如何利用聯想來記憶人名、相貌，我們將在《十八時超級記憶法》中系統學習。實際上，如果你能按照上面一、二步驟的要求去做，即使不用聯想，你也能記住對方的名字了，加上了聯想保持的時間則會更久一些。

芸芸眾生，你我他，生活在這個世界，名字作為個人與眾不同的一個標誌，每個人都十分在乎、重視自己的名字。而當自己重視的東西也被他人所重視時，那種美妙的感覺自然不言而喻。因此你若能夠在和一個人第二次見面時，準確叫出他的名字，那麼你和他建立良好的人際關係、合作共事，乃至成為朋友也就不是什麼難事了。所以，當你希望與他人建立人際關係的時候，你

須得記住：牢記他人的姓名，這是語言之中最甜蜜也最有力的部

## 2、真誠的讚賞

每個人都渴望得到別人及社會的肯定和認可，我們在付出必要的工作和熱情之後，都期待著別人的讚賞。讚賞是人際關係的潤滑劑，它猶如點點雨露，滋潤著每個人的心田。有時它並不僅僅是一句話，一個眼神，一個愛憐的舉動都可以讓對方感動不已。美國著名心理學家威廉．詹姆士曾經提出：「人類本質裡最殷切的需求是渴望被人肯定。」就連美國總統林肯在一封信函中，也開門見山地說：「任何人都喜歡被人讚賞。」

人類作為萬物的靈長，期望和享受被人讚賞無疑是人類心靈的基本需求之一。也正是因為這種渴望的衝動，亞伯拉罕．林肯才會在一文不名、目不識丁、幫人打雜的情況下發奮圖強，不惜花掉僅有的微薄薪水去買法律書來看，

不斷充實和提高自己，最終成為美國著名的總統；同樣也是被這種欲念驅使，狄更斯才寫下了傳世的作品；出於對讚頌崇拜的需求，克里斯多福這位英國著名建築家設計了不朽的建築，使得石頭變成了美麗的詩篇；同樣是這種渴望，歷史上才會出現劉備「三顧茅廬」，蕭何「月下追韓信」的一幕，才會有「士為知己者死」的刻骨誓言……

讚賞就像人間的一縷馨香，它的傳播必然會點亮世間關愛的火花。三十年前，蘇聯一戶貧苦人家的孩子戴爾科夫在讀初中時寫了一篇作文，語文老師羅奇在他的作文旁批了五個讚美的文字：「寫的很不錯！」從此戴爾科夫愛上了寫作，後來，經過不懈地努力之後成了著名作家。

有一位心理醫生在銀行排隊取款時，看到前面有一位老先生滿面愁苦，這位心理醫生暗想，我要讓他開朗起來。於是一邊排隊一邊尋找老先生的優點，終於他看到，老先生雖然年近七十駝背哈腰，卻長著一頭漂亮的金髮，於是心理醫生衷心地讚美道：「先生，您的頭髮真漂亮！」老先生一向以一頭漂亮的頭髮而自豪，聽到心理醫生的讚美非常高興，頓時面容開朗起來，挺了挺腰，道聲謝後一路哼著歌走開了。

可見，一句簡單的讚美之詞給別人帶來了多大的好處。前蘇聯心理學家曾經做過這樣一個實驗：他們從一班大學生中挑出一個相貌、氣質、學習成績各方面表現都相當平庸而且有點自卑、也不太招人喜歡的女孩，特意安排她的一些同學，對她改變看法，對她表示喜愛和讚揚。於是，從這天起，有的同學對她表示某種好感，說她有很多可愛之處；有的主動獻殷勤，送她回家；還有很多同學送她禮物祝賀生日，每個同學都盡量發現和讚揚她的優點，認定她是個聰明美麗的女孩。結果，不到一年的時間，這位原本一切平平的女大學生變得相當出色，她變得自信開朗，愛說愛笑，學習成績和儀表風度都非常亮眼。她贏得了同學們的喜愛，簡直像獲得了新生！

日常生活如此，實際工作中真誠地讚賞更是魅力無窮。真誠的讚賞是約翰．洛克菲勒成功管理的首要秘訣。愛德華．貝德福特是洛克菲勒的合夥人之一，在南美的一次生意中，他使公司損失了一○○萬美元。洛克菲勒當然可以指責貝德福特。但是，他並沒有這樣做，他知道貝德福特已經盡力了——再說，事情已經發生並且已經過去了。所以，為了鼓勵貝德福特，洛克菲勒另找其他的事來稱讚貝德福特，比如他節省了百分之六十投資資金，洛克菲勒大加讚美，「這太好了，」洛克菲勒說，「我們並不能總是像巔峰時期那麼好。」就是這句讚美之辭，讓貝德福特與洛克菲勒的合作持續了近二十年。因此，真誠、慷慨地讚美他人吧，不要吝惜自己的話語，哪怕那只是個微不足道的小優點。要知道，也許你的讚美會讓他人永遠珍藏在記憶裡，終生不忘。

**人們常說：讚賞之辭如同沙漠之泉，要改變人而不觸犯或引起反感，那麼，就稱讚他們最微小的進步吧。**大千世界，每個人只不過是滄海之一粟，在我們周圍，偉人名人畢竟是鳳毛麟角，大部分人還是凡夫俗子，他們也不可能做出驚天動地的大事。每個人不可能都轟轟烈烈，真正聰明的人善於從小事上稱讚別人，而不是一味地搜尋了不起的大事。

從小處著手誇獎別人，不僅會給別人以出乎意料的驚喜，而且可以使你獲得關心、體貼入微的形象。一位服裝店的職員發現新上架的一件衣服做工有問題，及時把它轉移到顧客看不見的角落裡。值班經理誇她為公司著想，維護公司的榮譽，還決定給她加獎金。這位職員簡直有些受寵若驚之感，到處讚揚那位經理眼快心細，自己的一點小成績也逃不過她的眼睛，在這樣的公司工作才有價值感。這位職員從經理的稱讚中所獲得的，不僅是得到獎賞後的快樂，更

多的是對這位經理關心的感激，使她感受到自己生活、工作在一個溫暖的集體之中，從而激發了她的工作熱情，增強了責任心。

當然，並不是所有小事都值得讚美。從小事情上讚美別人，需要把握一定的技巧，否則，你的稱讚就會被別人認為大驚小怪。

**★一般我們需要掌握的技巧有：**

**（1）要善於發現小事的重大意義。單就小事而論，它不可能有多大意義。**但如果用聯繫的觀點來理解問題，卻會發現一件小事往往會引發重大的事情，或具有重大的意義。

**（2）要留心觀察，細心思考。**因小事往往很容易被人們忽視，要想從小事讚美別人，首先必須自己做一位有心人，善於發現讚美的題材，發掘潛藏於小事背後的重大意義，這就要留心觀察，細心思考。小事猶如一塊塊未經雕琢的璞玉，如果你不留心鑑別，它就永遠埋藏於土層或山野中，人們很難發現其價值所在。那麼我們的社會便如同山野般荒涼而無溫情，置身其中，猶如繁華的沙漠；相反，如果人人都去挖掘一滴水中的世界，那麼，在彼此的讚美中，人們獲得的是人世間蕩漾的溫情。

**（3）讓更多的人知道。**在特定情況下，發生在兩人之間的一件事情，似乎不足掛齒。你事後若再提起它，自認為曾受益匪淺，但曾給予你的人卻或許認為微不足道。而且，你們已是以誠相見的老朋友，某些稱讚在人看來是客套甚至俗套，畫蛇添足。這種事情，你不妨找一個合適的機會當眾宣佈，這不失為一發揚小事意義的上策。

**（4）排除遮擋視線的障礙。**大多數人不願從小事上稱讚別人，這是因為現實中有許多障礙遮住了他們的視線。

**（5）分工不同，責任不同，使人們認為別人做的事都是「分內」的事，「應該」的事，不值得大驚小怪。**做不好應受批評，做好了就算盡責。在這種心理的驅使下，很多人不能正視別人的小成績。

**（6）有人胸懷治國平天下的大志，眼高手低，對於「螺絲工作」不以為然。**認為那些事情沒什麼了不起，小菜一碟，形同虛無。

**（7）「熟人效應」。**周圍的人對大家來說，太熟了，要麼就是區區小事

不足掛齒，不需說什麼；要麼就是熟視無睹。每天我們走在乾乾淨淨的馬路上去上班，都認為這無所謂，髒了該罵清潔工。父母為你嘔心瀝血，碾平生命道路上的坎坷，我們卻只知茶來伸手，飯來張口，他們在你眼裡，是「隱形人」，同事、朋友時時都在關照你，你卻受之泰然。

我們總會仔細照顧家人、朋友甚至同事的健康，可是我們什麼時候留心過他們的自尊？我們給他們食物來補充體力，卻總是忽略用言語來感謝他們。這樣的言語將永遠歌唱於他人記憶之中。

在日常生活中我們是多麼善於遺忘稱讚他人這一美德啊！孩子們取得好成績的時候，第一次烤了一個蛋糕或者製作一個燈籠的時候，我們總是忘記給予他們讚賞和鼓勵。要知道，對於孩子來說父母的注意和讚賞是最好的禮物。

所以，在下一次，當你看到餐館盤子中漂亮的裝飾，別忘了稱讚廚師；當疲憊的店員為你拿出櫥窗中的貨物，記得稱讚他們。

在人際交往中我們所接觸的所有人，每一個人都和我們一樣渴望著讚賞。別忘了這一點，當你對對方傾其所有卻得不到絲毫讚賞時，你會有多麼失望！

每一天的生活之中，記得為人間留下點滴讚美的溫馨吧，這會使得友誼的火焰更加旺盛，而當你回頭的時候，會驚奇地發現它所留下的明顯的痕跡。

**那麼怎樣才能學會真誠地讚賞呢？首先我們要善於使用「換位思考法」。盡量去瞭解別人，站在別人的立場上考慮問題，而不是用責備挑剔的方式來看待問題。盡量設身處地去想一想他為什麼當時會這麼做，這比起一味地批評責怪要有意義得多，也會讓人們更易於溝通與理解。**

其次我們要慷慨地「稱讚他人」。「稱讚與鼓勵」天生就具有引發人們熱情的能力，促使人們將自身能力發展到極限。人的生命只有一次，所以，任何能貢獻出來的好與善，我們都應該現在就讚美，不要遲緩與怠慢。

學會真誠地讚賞他人，當然也包括要學會用心傾聽他人的意見，尊重他人意見，不要總是責怪他人，不要忘記微笑等等。

**愛默生曾經說過：「我遇到的每一個人都是我的老師，因為我從他們身上或多或少的都學到了知識。」**這話同樣適用於我們每一個人。不要老是想著自己的優點、成就、需要，去努力發現別人的優點，然後，貢獻出自己的「真誠、慷慨的讚美」，這樣一來人們會把你的語言珍藏起來，永生不忘。所以，如果你希望學會待人處世，那麼就真誠地欣賞和讚美他人吧

## 3、投其所好，左右逢源

「左右逢源」一詞最早出自於《孟子．離婁下》，文曰：「資之深，則取之左右逢其原。」原指人見識廣博，應付裕如，後比喻做事得心應手，非常順利。一個人生活在社會中，要想達到無往不勝、左右逢源的高超境界，就得知道如何處理好人際關係，如何「吃得開」。班傑明．富蘭克林曾說：「成功的第一要素是懂得如何處理好人際關係。」要處理好人際關係，最初的也是最重要的就是懂得如何「投其所好」。

「投其所好」就是迎合別人的愛好，喜歡什麼，就說什麼、做什麼。在釣魚的時候，我們都用魚最喜歡吃的餌，而不用人最喜歡的食物；化妝品行銷員在推銷化妝品的時候，都偏愛向年輕的女性推銷；我們在看電視、聽音樂時也得先調好頻道，否則再好的節目也因為雜音太大而影響欣賞。

美國大思想家愛默生對「投其所好」就深有體會，有一次，他與兒子兩人欲將牛牽回牛棚，兩人一前一後使盡所有力氣，怎麼樣牛都不進去，家中女傭見兩個大男人滿頭大汗，徒勞無功，於是便上前幫忙。她僅拿了一些草讓牛悠閒地嚼食，並一路餵牠，便很順利地就將牛引進了欄裡。我們再來看看儷仕香皂在全球做的廣告，儷仕香皂在德國的廣告宣傳，展現的是一位明星手拿香皂要去淋浴的場景；而在英國的廣告，則是同一明星在浴缸裡使用儷仕香皂的畫面。為什麼不同呢？因為德國人愛淋浴而英國人則愛用浴缸泡澡。

其實，「投其所好」無論在商業管理，還是在職業生涯中，它對個人人際關係的拓展都有著至關重要的作用。弗斯德教授建議：要想如魚得水，左右逢源，首先要把握對方心中最迫切的欲求。只有完全瞭解他人的所需，你才能「投」得準，抓得牢，不至於「拍到馬腿」。

湯姆是一家軟體公司的銷售經理，能力強，熱愛工作，成績顯著。今年他升任香港總公司的銷售經理，薪水也增加了，但是，近期他不但沒有工作熱情，甚至還有辭職的念頭。為什麼升職、加薪反而要辭職呢？經瞭解，原來引起湯姆不滿的原因來自他的上司。他的上司對湯姆到香港工作頗不放心，擔心他做不好，總是安排一些很簡單的工作，並且在湯姆工作時也經常干預。湯姆工作能力較強，習慣獨立思考問題、解決問題，對上司的頻繁干預，他非常不習慣，並逐漸產生不滿的情緒，以至於想辭職。

這個案例其實是職場中常見的一個例子，因為加薪、晉級不一定能有效激勵員工。作為湯姆的上司，他應該花一定的時間瞭解下屬，在瞭解的基礎上就要信任下屬，給他表演的舞台，讓他充分展示自己。當然，要讓下屬長期保持旺盛的士氣，也絕非如此簡單，還應當採取許多其他的方法，比如：尊重、關愛、讚美、寬容下屬等。還要提供適當的競爭環境、給下屬指出奮鬥的目標、幫助下屬規劃出其發展的藍圖、恰到好處地批評等等。

這時，我們不僅要問：為什麼我們只談自己所要的呢？其他人是否關心我們的所要？事實上，每一個人都關注自己的需要，而且是時時刻刻的注意。但別人對你的需要卻漠不關心，要知道，其他人都像你一樣，他們關心的只是他們自己。因此，要想激起別人的興趣，世界上唯一能影響對方的方法，就是談論他所要的，而且還告訴他，如何才能幫助他得到。

你要記住這句話：明天你要別人替你做些什麼？著名教育學家就作這樣一個比喻：如果你不願意你的孩子吸菸，你不需要教訓他，只需告訴他，吸菸可能使他不能參加棒球隊，或者不能在百米競賽中獲得勝利就足矣。從你來到世界上這一天開始，你所有的每一種舉動，出發點都是為了你自己，都是因為你需要些什麼。

「投其所好」幫助人們在人生的舞台上左右逢源，長袖善舞。人們常說職場如戰場，其實人際關係說複雜也簡單，其不外乎是與上司的關係、與下屬的關係、與其他非直屬同事的關係、與工作相關的外界的關係等等。很難說哪一種關係更重要，因為它們都直接影響到我們個人的工作業績和工作情緒。

**★下面就簡要呈現職場左右逢源的「三十六計」，以供參考。**

第1計：如何懂得「聽人說話」是受別人歡迎的前提。

第2計：只有善於展示「真實的自己」，才能更加吸引別人對自己的注意力。

第3計：初次交往的成敗關鍵是適當的寒暄。

第4計：贏得別人對自己的信任必須先做給別人看。

第5計：與人交往注意不要過於親密，保持適當的距離，有助於友誼的持久。

第6計：微笑是增進人際關係的寶貴財富。

第7計：記住對方的姓名有助於進一步的交往。

第8計：「守時」能展現個人的良好品德。

第9計：適當的穿著打扮有助於增進人際關係。

第10計：良好的姿態，能促進雙方的交流。

第11計：恰如其分的讚美使人相交更愉悅。

第12計：與朋友相交不念舊惡，對對方的良好表現要及時地給予褒揚。

第13計：對朋友的誇獎要有度，不能過分，過度的奉承反而顯得有失誠意。

第14計：面對朋友的要求不要有求必應，而應量力而為。

第15計：朋友之間如有點小誤會，可利用「第三者」作為緩衝，以解除誤解。

第16計：學會借「第三者」的口傳達自己的仰慕之情、讚美之意。

第17計：與人交往必須把握寬嚴分寸。

第18計：養成「推己及人」的精神。

第19計：善解他人「愛屋及烏」的心理。
第20計：善用「內方外圓」的處世哲學。
第21計：學會用「忍讓」、「寬容」接納他人，更能促進相互理解。
第22計：有時主動認錯，不僅不會降低自己的身份，反而提高自己的信譽。
第23計：豁達大度方能不致傷人傷己。
第24計：「理解」不是強加別人的，而是藉由自己的舉動感染別人。
第25計：直視對方，誠心誠意說：「對不起。」
第26計：「信任」是友誼的根本。
第27計：放棄私我，從對方的利益出發，能輕易地感召他人為己所用。
第28計：寬以待人，嚴以律己。
第29計：友好相處的基礎在「與人為善」。
第30計：與人相處應當虛懷若谷。
第31計：待人必須謙虛有禮。
第32計：適時來點幽默可以化解敵意，化解緊張的氣氛。

第33計：對待朋友以寬宏大量為度。
第34計：人際往來不要害怕主動。
第35計：開誠佈公是交朋友的基本法則。
第36計：適時的「糊塗」是難得的人際關係潤滑劑。

# 二 贏得別人喜歡的超級方法

## 1、學會傾聽

這裡有一則故事：

古時有一個國王，想考考他的大臣，就讓人打造了三個一模一樣的小金人讓大臣分辨哪個最有價值？最後，一位老臣用一根稻草試出了三個小金人的價值，他把稻草依次插入三個小金人的耳朵，第一個小金人稻草從另一邊耳朵裡出來，第二個小金人稻草從嘴裡出來，只有第三個小金人，稻草放進耳朵後，什麼動靜也沒有，於是老臣認定第三個小金人最有價值。

同樣的三個小金人卻存在著不同的價值，原因就在於第三個小金人善於傾聽，不苟言語。看來，國王判斷臣子的價值主要是看其是否用心傾聽。其實，豈止小金人，現實生活中的人也一樣。最有價值的人，不一定是最能說會道的人。善於傾聽，消化在心，這才是一個有價值的人應具有的最基本的素質。

但生活中的人們並不是都善於傾聽的。人往往都有一種表現欲，喜歡在以自我為中心的孤僻區域喋喋不休，喜歡把自己的優點在別人面前展示得一覽無餘，喜歡逞一時口舌之快，喜歡看到別人被自己說得張口結舌和不知所措的表情。於是乎，我們總是錯誤地認為能說善道的人才是善交際的人。其實不然。那些善於口才的人，當其誇誇其談的時候，可能沒有想到鋒芒畢露、言過其實之弊。因為話說多了，難免油嘴滑舌；說過分了必然導致禍從口出，言多必有一失。而靜心傾聽就遠沒有這些弊病，倒有「兼聽則明」的好處。

「注意聽」，給人的印象是謙虛好學，是專心穩重，誠實可靠。認真聽，能減少許多不成熟的評論，避免不必要的誤解。而且善於傾聽的人常常會有意想不到的收穫：蒲松齡因為虛心聽取路人的述說，才寫成了膾炙人口的《聊齋志異》；唐太宗因為兼聽而成為聖世明主；齊桓公因為細聽而善任管仲，最終成就一代霸業；劉玄德因為恭聽而鼎足天下……歷史上的許多人物都是因為善於傾聽，最終才成就了自己的事業。

傾聽是一種與人為善、心平氣和、虛懷若谷的姿態。因為我們每個人一生中有百分之七十～百分之八十時間都在從事某種形式的溝通、寫作、說話或傾聽。懂得如何傾聽的人最有可能做對事情、取悅上司、贏得友誼，並且把握別人錯過的機會。傳奇人物約翰・洛克菲勒對傾聽就別有感觸，有一次他說：「我們的政策一直都是用心地傾聽和開誠佈公地討論，直到最後一點證據都攤在桌上才嘗試達成結論。」洛克菲勒以謹慎著稱，而且似乎經常很慢作決定，他拒絕倉促下決定，他的座右銘是「讓別人說吧」。

事實是，一點點的傾聽練習就可以創造出驚人的結果。假如你注意聽上司要求你做的事，就增加了做對的機會，而且不必再重做；如果你注意聽別人告訴你的方向，就比較不會走錯路；如果你注意傾聽顧客真正的需求，就可以避免浪費時間、金錢在他們不要以及不會買的東西上。

因此如果你想要成為一個善於交談的人，你首先需要學會成為一個懂得傾聽的人。也許有人會問：我從小就會傾聽呀？其實我們這裡所說的傾聽與正常人的聽覺是兩回事，這裡的傾聽是一門藝術、一種交流技巧，如果我們學會了這些基本的技巧，我們就能很快地贏得別人的喜歡。

吉恩・鄧沃迪在喬治亞州的麥肯市擁有一家成功的建築公司。當我問他最擅長的是什麼時；他回答：「傾聽。」他解釋說：「我不是很有創意的人，但我在這裡工作的兒子還有幾個職員都很有創意，我所擅長的就是聆聽。你知道

有時候客戶和營造商會為了一些事情起爭執，而因為我可以聽到他們雙方所說的話，就經常可以找到共同點。」這就是善於傾聽的人所擁有的優勢。

惠普公司的創始人之一大衛・帕卡德發明了所謂的「惠普之道」，他要求他的經理與管理者做的第一件事情就是：先去傾聽，然後去理解。這正是我們想要的。

**西方有句名言：「上帝分配給我們兩個耳朵，而只給我們一張嘴巴。」就是暗示人們少說多聽。**正確地傾聽，可以防止因溝通能力差異引起的錯誤，能幫助你瞭解眼前正發生的事，能使你聽出與你談話的人的弦外之音，可以增加別人對你的好感，能夠幫你判斷哪些情況於你有利，讓你佔有先機……既然正確的傾聽有如此之多的好處，那麼我們在交流中該如何做才算是正確地傾聽呢？

**★改掉不好的傾聽方式：**

首先，要盡可能地排除那些影響你傾聽效果的障礙。我們每個人都會遇到這些障礙，有時傾聽的效果差的時候通常是由於我們自己製造了障礙，抑制了正確傾聽的能力。

下列有一些日常中的障礙，你也許能從中找出是什麼妨礙了你進行有效的傾聽。

＊你太忙於考慮你的下一個回應，因而沒聽明白對方說什麼。

＊對方談到的事情把你的思維岔開了。

＊你認為自己知道對方要說什麼，所以停止了傾聽。

＊你過於全神貫注地思考你有多少不同的意見，以至於不能正確地傾聽。

＊你聽對方談話只是為伺機打斷他，從而闡述自己的觀點。

＊你感到無聊。

你設置了傾聽的障礙，一旦學會了識別它們，解決問題便容易多了。因此當你正在傾聽需要明明白白理解的內容時，要意識到自己設置的所有障礙，並盡可能地徹底清除它們。當然還有另外一些妨礙傾聽效果的障礙，它們源於客觀原因。例如：對方說的內容太複雜或用了很多的行話，你不理解他在說什麼；很多噪音或其他使你分神的因素，干擾了你的注意力；對方講話時間比你預期的要長，由於兩分鐘後你要去開會，因此你分心了；對方講話速度太慢，拐彎抹角，無聊乏味，條理不清，或前後重複……

一般來說，如果你發現自己不能正確地傾聽，那麼趕緊實話實說是最好的策略。例如：告訴對方你沒跟上他正在講的內容，讓他解釋得更清楚些；如果有某些詞你沒能理解，告訴他，讓他再把這些詞解釋一遍；向他解釋談話的時間比你料想的要長，而你不得不去其他地方。你可以提出以後聚在一起再談一次，那時你能更好地集中精力聽他談話……所有這些反應，事實上都會使與你談話的人感到高興，因為所有這些方法都告訴他們，你想找機會更好地傾聽他們的談話。

學會傾聽，意味著學會心靈與心靈之間的溝通；學會傾聽，才能在同伴中建立信任；學會傾聽，才能瞭解他人的思想、個性、愛好；學會傾聽，才能完整捕捉外界的各種資訊，利於自己做出正確地判斷和思考。因此，我們要學會傾聽，學會耐心地傾聽、虛心地傾聽和專心地傾聽。學著去尊重、容忍、理解對方，相信也必能因此獲得對方衷心的感激。

## 2、不要忘記微笑

有一種語言是世界通用的，它是弱小者手心中一片愛的陽光，是乞食者心中一塊甜美的乳酪，是融化冷漠者冰山的熊熊烈火，是驅除失敗者內心陰霾的強化劑。是的，那就是微笑。

微笑是人類最美麗的表情，她是以自信架起希望的燈塔，用笑容照亮所有看到它的人，就像穿過烏雲的太陽，帶給人們溫暖。

美國鋼鐵大王卡耐基說：「微笑是一種神奇的電波，它會使別人在不知不覺中同意你。」在一次盛大的宴會上，一個平日對卡耐基很有意見的商人在背地裡大肆抨擊卡耐基，而卡耐基卻安詳地站在那裡，臉上掛著微笑，等到抨擊他的人發現他的時候，那人感到非常難堪，卡耐基的臉上依然堆著笑容，走上去親熱地跟他握手。後來，此人成為卡耐基的好朋友。

**正如雨果所說：「微笑就是陽光，它能消除人們臉上的冬色。」**

還記得海倫．凱勒嗎？這位二十紀最富感召力的作家，當她的生命在黑暗裡碰壁時，沙莉文老師那鼓勵的笑容和用力的一握，使她頓時感悟到了陽光般的溫暖。她說：「溫暖的陽光照在我的臉上，我的手指觸到了鮮花的葉子，我意識到春天來臨了。」

同樣，希爾頓飯店的發家之「法寶」就是微笑。從一九一九年到一九七六年，希爾頓飯店從一家擴展到七十家，遍佈世界五大洲的各大都市，成為全球最大規模的飯店之一。五十七來，希爾頓飯店生意如此之好，財富增加得如此之快，其成功的秘訣之一，依賴於服務人員「微笑的影響力」。

微笑是傳播親善的一種訊息，也是自信的一種表現。歷史上，楊貴妃曾「回眸一笑百媚生，六宮粉黛無顏色」，周幽王也因褒姒一笑而失去了西周的大好江山。曾經在紐約的一個宴會上，我遇到一位失敗的太太─她擁有一大筆遺產，可惜浪費了很大一部分在購買貂皮、鑽石、珍珠這些昂貴的裝飾上。很顯然，她希望人們對她產生愉快的印象，不過她臉上永遠呈現的是那副尖酸刻薄的表情，使得事與願違，男人們都明白一點—對於一個女人來說，她臉上所表露的神色要遠遠重於她所穿戴的服飾。

那麼是不是只要我們張嘴微笑就可以呢？並非如此。如果你表現出的是一種不含誠意的微笑，那是無法欺騙別人的。如果面對著機械的、虛假的微笑，我們也會從心裡產生厭惡和反對，因此，這裡所說的微笑，是一種真實的、熱心的微笑，是發自內心的微笑，是一種能夠產生巨大效應的微笑。

斯瓦伯給自己的微笑標價一百美元，那是因為他的人格魅力、他善於討人喜歡的能力是他取得成功的最主要原因。而他人格之中最可愛的一種因素，就是那令人傾心的微笑。

行為勝於言論，對著他人微笑就是向他人表示：「我喜歡你，你會使我感到快樂，我喜歡見到你。」為什麼寵物會這麼討我們歡喜呢？去看看牠們看到我們的時候所表現出來的歡喜你就明白了。這種歡喜彷彿嬰兒的笑容般自然純真，沒有絲毫偽裝。所以，自然而然的我們會喜歡見到牠們。

這或許就是促使紐約一家大百貨商店人事部主任做出這樣決定的關鍵，他

說過，自己寧願雇用一個小學未曾畢業的女職員—前提是她有一個可愛的微笑，也不會去雇用一位面孔冷冰冰的哲學博士。

**學會在陌生的環境裡微笑，是一種自尊、自愛、自信的表示。**微笑是人類面孔上最動人的一種表情，是社會生活中美好而無聲的語言，她來源於心地的善良、寬容和無私，表現的是一種坦蕩和大度。微笑是成功者的自信，是失敗者的堅強；微笑是人際關係的黏合劑，也是化敵為友的一劑良方。微笑是對別人的尊重，也是對愛心和誠心的一種禮讚。

我們一直都認為只有苦幹才是成功的關鍵，但是，事實真的如此嗎？全美著名的一家橡膠公司的董事長曾經告訴我他的一項觀察—一個人不論做什麼事情，如果他不高興去做的話，是很少可能成功的。「我認識的人之中，」他說，「他們開始時之所以成功，都是因為他們非常樂於經營他們的事業。後來，我看到那些人開始變成苦幹，工作逐漸地變得沉悶不堪，他們失掉了自己在工作之中享有的所有樂趣，之後他們只得到了失敗。」

如果你希望別人很高興見到你，你就需要很高興的去見別人，生活也同樣，只有你微笑著面對生活，生活才會回報給你微笑。

其實決定一個人快樂與否的因素是他如何去想，而不是他是什麼、在何處、在做什麼。即使兩個人處於同樣處境，他們之間的感覺也不會相同—因為他們的心境不同。

**「事無善惡，思想使然。」這是莎士比亞的傳世名句。**

無論你是經受著風吹雨打，還是沐浴著陽光雨露；無論你是已攀上了頂峰，還是被困於巨谷深淵，生命的微笑都能感化潮濕的心情，抹去不悅的色彩。因此不要吝嗇自己的微笑。

## 3、要對別人感興趣

**有句老話這樣說：「要想擁有朋友，你必須是個朋友。」**

作家要想寫出暢銷書，一定要對讀者感興趣；藝術家要想贏得觀眾的掌聲，一定要對觀眾感興趣。一位叫哲斯頓的大魔術師，他到世界各地去演出，共有六千萬人看過他的表演。其成功的秘訣之一，就是他始終對別人真誠地感興趣。他總對自己說：「我很幸福，因為這麼多人來看我的表演。我要把最高明的手法表演給他們看。我愛我的觀眾，我愛我的每一個觀眾。」只有對別人真誠，你才能得到對方真誠的回應，並感覺到你的重要。對別人不感興趣的人，他一生中的困難將會更多，對別人的傷害也最大。所有人類的失敗都出自於這種人。

在查理斯五歲的時候，他父親以十塊錢買了一隻小黃狗，牠是查理斯童年的快樂。每天下午大約四點半的時候，牠就坐在前廊，一雙美麗的眼睛不斷地注視著走道，每當牠聽到查理斯的腳步聲，或看到他騎著單車穿過樹林的時候，牠就飛似地跳起來，上氣不接下氣地跑上山丘來迎接，高興地歡蹦亂跳，圍著查理斯的腿邊歡叫著。

托比雖然是隻小狗，但牠憑直覺知道，誰對自己真心感興趣，誰是自己真正的朋友。在短短的時間內，牠所得到的朋友，遠比一個等著別人對牠感興趣的人多。

許多人一生中都錯誤地想辦法使別人對他們感興趣。

當然，這種方式沒有用，別人不會對你感興趣，他們只對他們自己感興趣——不論早上，中午或晚飯之後。紐約電話公司，對電話中的談話做了一項詳細的研究，想找出哪一個詞最常在電話中被提到。你也許猜到了，這個詞就是第一人稱「我」。

當你拿起一張你也在內的團體照，你最先看到的是誰呢？如果我們仍只是要在別人面前表現自己，使別人對我們感興趣的話，我們將永遠不會有許多真實而誠摯的朋友。朋友，真正的朋友，不是以這種方式交來的。

> 已過世的維也納著名心理學家亞佛·亞德薩，寫過一本叫做《人生對你的意識》的書。在那本書中，他說：「對別人不感興趣的人，他一生中的困難最多，對別人的傷害也最大。所有人類的失敗，都出自於這種人。」

風靡世界的魔術大師哲斯頓從未上過一天學，從小靠從鐵路旁的標示牌上學會識字，但他前後四十年在世界各地為六千萬名觀眾演出，獲得了巨大的成功，被公認為魔術師中的魔術師。我請哲斯頓先生告訴我他成功的秘訣，他說，他懂得魔術手法跟其他同行一樣多，並沒有什麼特別的。但他有兩樣東西卻別人所沒有的：一是他能在舞台上把自己的個性顯示出來；二是他瞭解人類的天性：喜歡別人對自己感興趣。

他說：「許多魔術師會看著觀眾對自己說：瞧，台下一群傻子，略施小技就可以把他們騙得暈頭轉向。而我上台前總對自己這麼說：我很感激，這麼多人來看我的表演，是他們給我提供了一種我喜歡的生活，我要用最大的熱情和最高明的手法來滿足他們的期望。」這就是有史以來最受歡迎的魔術師的成功秘訣。

如果你要想別人歡迎你，你就應該記住：要對別人的所有都表示出真誠的興趣。

### 4、設身處地為他人著想

早在二千五百前，我國著名政治家、教育家孔子就曾說：「己所不欲，勿施於人。」簡單地說就是推己及人，它和俗話常說的將心比心，設身處地為別人著想是同一個意思。無論做任何事，我們都要設身處地去為他人著想。如果能設身處地為他人著想，瞭解別人心裡想些什麼的人，永遠不用擔心未來。許多推銷人員，每天踏破鐵鞋，疲憊沮喪，所獲卻並不多，為什麼呢？因為他們心裡想的都是自己的需要，他們不知道，其實人們並不想買什麼東西，如果想的話，也一定會自己出門。

顧客總喜歡主動購買—而非被動購買。但是仍然有許多銷售人員，終其一生不知從顧客的角度去看事情。作為一名盡責的推銷商，應該有良好的商業道德，不要只為賺取暫時的利益，而硬將顧客不需要或品質差劣的產品推給他，試想，若你也遭受這種待遇，感受又會是如何呢？

這裡有一個真實的故事，故事發生在非洲某個國家。那時國家政府實施「種族隔離」政策，不允許黑人進入白人專用的公共場所，不允許黑人進入白人學校，享受白人的權利。白人也不喜歡與黑人來往，認為他們是低賤的種族，避之惟恐不及。有一天，有個長髮的白人在沙灘上曬日光浴，由於過度疲勞，她睡著了。當她醒來時，太陽已經下山了，她覺得肚子餓，便走進沙灘附近的一家餐館。她推門而入，選了張靠窗的椅子坐下，她坐了約十五鐘。沒有侍者前來招待她。她看著那些招待員都忙著侍候比她來的還遲的顧客，對她則不屑一顧，她頓時怒氣滿腔，想走向前去責問那些招待員。當她站起身來，眼前正好有一面大鏡子，她看著鏡中的自己，眼淚不由奪眶而出，原來，她已被太陽曬黑了。此時，她才真正體會到黑人被白人歧視的滋味！所以無論做什麼，我們都要設身處地為他人著想，將心比心，想想對方如果處在自己的位置上該是如何感受的。

在人際交往中，有很多時候往往因為一句話，可使得你和他人的距離拉遠，和他人的關係可有可無。如果我們能多花一些時間，設身處地為他人著想，你就不會說錯話，而引起他人的不悅了。再者說來，我們所生活的世界是個弱肉強食、自私自利的世界，很少有人會主動去關心別人，瞭解別人的心聲。但是當別人首先向你表示友好，你不可能拒之門外，所以，如果你能搶佔先機，首先主動為別人著想，尊重別人，那麼你將獲得真誠的友誼。

## 5、讓別人感到他的重要性

人類的本質決定了人類和其他動物的區別，那就是──對別人肯定的渴望。所以在我們交往的行為之中同樣存在著一個重要的法則──時刻讓別人感覺到他的重要性。只要我們能夠遵從這個法則，並在和他人交往的時候做到這一點，就會得到許多友誼以及永恆的快樂。但是，如果我們破壞了這個法則，就不免要招致麻煩。

**正如前面曾經提到的著名哲學家約翰．杜威所說的那樣：「人類本質裡最深層的驅動力就是希望自己具有重要性。」**

許多古代先賢都曾經深刻思考過人與人之間相處的問題，而得到的答案也驚人的一致──不論是波斯的所羅亞斯特、中國的孔子、道教始祖老子、印度的佛陀……他們都在講述一個同樣的道理──想要使別人如何對待自己，必須得先以同樣的方式對待別人。

我知道，每個人都從心裡希望得到朋友們的認同，希望別人明白自己的價值；我們希望在自己的生活圈子裡讓大家覺得自己對他們來說非常重要；我們

不喜歡那種廉價輕飄飄的恭維，我們喜歡出自真誠的讚美……是的，我們需要什麼，在心裡都非常清楚。

可是，你是否知道應該如何得到這些呢？去遵循這個古老的定律吧—希望別人如何對你，首先要同樣地對待別人。不要去挑剔時間、地點，你要每時每刻都這樣去做。

打個比喻，當你在餐廳裡點餐，女侍者送來的不是你想要的炸薯條而是馬鈴薯片的時候，何妨微笑著說：「對不起，我不想麻煩你，可是我還是比較喜歡炸薯條。」這一點也不麻煩，而她也會微笑著向你致歉，並迅速的為你更換。

沒錯，我們可以使用許多日常用語來打破日常生活中的單調和忙碌，打個比喻，「對不起，麻煩你……」；「能不能請你……」；「請問……」；「勞駕……」這些一點都不麻煩，卻能夠使你的生活煥然一新。

現實生活之中，有很多人都會出現交際上的障礙。因為這些人雖然年齡、性別、愛好等等很多方面都不同，可是他們都有著一個相同的特點，那就是喜歡自我表現。他們總是選擇在別人面前誇大自己，吹噓自己，強調自己的重要性以及自己的不可或缺。在每一次事情成功之後，他們總在強調自己做出了多麼大的貢獻，或者是有多麼大的功勞，事實上，他們完全地忘記了交際之中的一條重要原則，那就是：讓別人覺得自己是重要的。

讓你身邊的人覺得愉悅吧！這並不會花費你什麼，可是卻會帶給他們快樂。這種快樂，也許會讓對方一輩子都記得你。

有一次柯比先生去郵寄一封掛號信，排隊等待的人很多，那位可憐的營業員一定覺得這份工作很枯燥了──年復一年的秤重、拿郵票、找零錢、寫收據──他的臉上滿是疲倦和無聊。於是柯比先生在心裡自言自語：「我一定能讓他快樂。」當柯比先生排到他的面前時，柯比立刻發自真心地對他稱讚：「您的頭髮真棒！真希望自己也能有這麼好的頭髮。」

可憐的營業員愣了愣，接著臉上馬上顯出微笑，謙虛地回答：「啊，真不好意思呢。不過說老實話啊，它已經沒有從前那麼好了。」他的情緒開始好起來，工作的動作比起先前也伶俐了好多。在柯比先生臨走的時候，他主動告訴柯比：「從前的時候大家都會誇獎我的頭髮呢！」

就是這麼幾句言語，柯比先生就讓這位可憐的營業員頓時恢復生氣，也許這位先生一天都會面帶微笑，回家會多看自己的頭髮幾眼，也一定會將這件事情告訴他的太太，並且照著鏡子自語：「啊！多麼漂亮的頭髮啊！」

讓我們再看看一個十四歲羞怯的男孩子的故事吧。

這個故事來自加州的羅納爾德·羅蘭，他是一個手工藝班的美工教師。故事的主人公是他的初級手工藝班的學生，他叫克里斯，是一個文靜、害羞的男孩子，平時很少能夠引起教師們的注意。

有一天，羅納爾德看到他正在閱讀課本，就走過去和他搭話，問他喜不喜歡現在所上的課程。可是，這個孩子的情緒突然之間起了很大的波動，他開始抽泣，哽咽的詢問：「先生，你的意思是說我表現得不夠好對嗎？」

「當然不是！」羅納爾德非常驚異，連忙否認，「我是想告訴你，你做的已經足夠好的了。」

那個下午，當課程結束的時候，克里斯抬起頭，走到自己教師的面前，堅定的對他說：「謝謝你，羅蘭先生！」

這一幕使得羅納爾德明白了人們內心之中自尊的重要，從此，他一直都不忘記在自己的心中提醒自己，每一個自己教授的學生，都是同等重要的。他甚至在教室的前方懸掛標語來使所有人時時自我勉勵，那標語上寫著：「你是重要的！」

這是一個不可否認，卻總會被我們忽略的事實：每個人在自己的心中都會認為自己某一個方面比別人優秀，所以，要打動他們的最好方法，就是巧妙的表現出你正在衷心的認為他們很重要。

唐納德的一個讚美為他贏得了寶貴的友誼和禮物，他是怎麼做到的呢？

唐納德是紐約一家園藝設計和保養公司的負責人。一次，他為一位有名的鑑賞家做庭院設計。這位屋主向他做了一些簡單的交代，告訴他自己想要在什麼方位栽種一片石楠以及杜鵑花。

這時候，唐納德憑著自己對他的一些瞭解，開口和他聊天。

「先生，我知道你有一個愛好。」唐納德說，「你養了很多漂亮的優良品種的狗。我要是沒有記錯的話，每一年在麥迪森廣場花園的犬類展覽中，你都能夠拿到好幾個藍帶獎呢。」

這位鑑賞家先生高興起來，他回答唐納德：「是的，我從飼養牠們中得到了不小的樂趣，我能邀請你去參觀我的寵物朋友們嗎？」

於是他花了差不多一個小時的時間來帶領唐納德參觀自己的犬舍、曾經得到的獎項，還仔細的向唐納德說明血統對狗的外貌和智慧的影響。

最後，他問唐納德：「那麼，你有小孩子嗎？」

「是的，一個調皮的八歲小孩。」唐納德回答。

「他會喜歡要一隻小狗嗎？」

「我想是的。」

「那麼，我將送給他一隻。」鑑賞家向唐納德這樣宣佈。

他本來想要告訴唐納德怎麼樣飼養小狗，可是又停了下來。「飼養小狗其實是很繁瑣的事情，你大概不能記得很清楚，我來寫一份詳細的說明給你吧。」

他送給唐納德一隻血統純正價值好幾百美元的小狗，一份詳細的飼養說明，還在百忙之中擠出將近兩個小時與唐納德談話，而這一切，完全是因為唐納德衷心的讚美他的成就和愛好。

**「同人們談論他們自己，他們會願意談上幾個鐘頭。」這句話出自那位曾經統治著大英帝國的狄斯雷利。**

所以，如果你要是想得到別人的喜愛的話，你須得牢記第六大原則：真誠的使他人感到他自己的重要性。

## 6、尊重他人的意見

**西諺有云：你是別人的地獄，別人就是你的地獄；你是別人的天堂，別人就是你的天堂。**無論身處何位，尊重別人與自我尊重一樣重要。一個人只有懂得尊重別人，才能贏得別人真正的尊重。

在人際交往中，你是否曾經盛氣凌人地指出過別人的錯誤呢？用你的眼神、音調、或者是手勢來指點別人犯下的錯誤—說老實話，這些動作並不亞於言語的有力，但是，請你思考，當你指點出別人的錯誤的時候，那人會因此而同意你的觀點嗎？

事實上並非如此！你這樣向對方指出他的錯誤，就等於是在他面前顯露你

的優越感，你成功的傷害了他們的智力、判斷力、榮譽感和自尊心。這種做法，往往會引發一場爭端，對方會對你產生反感，或許更嚴重的話將會爆發一場衝突，而對於改變對方的觀點則絲毫沒有好處。

你相信自己的判斷總是對的嗎？不要輕易下斷言！即使是前總統希歐多爾．羅斯福也承認，他的判斷正確率不高於百分之七十五。

**如果你能夠確定自己的判斷之中有百分之五十五的正確率，恭喜你，你已經可以躋身於華爾街那些名流之中了，可是，如果你的正確率連百分之五十五達不到，你又有什麼權力來指責別人經常犯錯呢？**

英國著名的戲劇家、諾貝爾文學獎得獎者蕭伯納曾經有過這麼一回經歷，那是他在蘇聯接受訪問，當他在莫斯科的街頭散步的時候，看見一個非常可愛的小女孩正蹲在街邊玩耍。蕭伯納頓時童心大發，與小女孩玩了起來，他和這個小女孩玩了很久之後，臨分手的時候，他對小女孩說：「回去告訴你的媽媽，你今天和偉大的諾貝爾文學獎得獎者蕭伯納一起玩了，你們會從電視中看到我的。」他以為小女孩會很驚喜很崇拜地看著他，可令他沒想到的是，小女孩抬頭看了看他，學著他的語氣說：「也請你回去告訴你的媽媽，你今天和一個蘇聯的小女孩安妮娜一起玩了，你們還玩得很高興。」蕭伯納聽了小女孩的話很吃驚，他立刻認識到自己的傲慢和對小女孩的輕視，他為這種不尊重人的行為感到十分抱歉，在向小女孩道歉之後，便匆匆離開。後來，蕭伯納每次回想起這件事，都感慨萬千。他說：「一個人無論有多麼大的成就，對任何人都應該平等相待，那不僅是對別人的尊重，更重要的是，那也是對自己的尊重。」

蕭伯納事後所領悟到的，正是在與人交往中尊重的重要性。如果，你真的想要去證明什麼的時候，為什麼要讓別人知道呢？為什麼一定要大張旗鼓的去做呢？你完全可以悄無聲息，按著自己的思維去做。所以從現在開始，最好不要再去指出別人有什麼錯誤吧，那是需要付出代價的。即使你認為有些人的話不對—退一萬步講，你確信他說錯了，你也最好這樣講：「啊，不好意思，我有另外一個想法，不知道對不對。如果我錯了，還希望你能夠糾正我。那麼，讓我們來看看這件事情吧。」

如果你這樣說的話，你會驚奇地發現，你被拒絕、被反駁的機率會少上許多。沒有人會反駁這樣的話：「我可能不對，讓我們一起看看這件事情吧。」

來看看雷恩克的例子吧，他是蒙大拿州的一位道奇汽車銷售代理商。他在汽車銷售中發現，由於現今汽車銷售市場面臨的強大競爭壓力，銷售商在處理那些顧客投訴案件時，常常會顯得冷漠而不近人情，這樣很容易引起顧客的憤怒，有的時候還會造成生意的失敗或者給雙方帶來許多不快。

後來，雷恩克慎重的思考了這件事情，他想清楚了，這樣的態度對於和顧客交流以及促成生意毫無好處。於是他改變了自己做事的方法。「每次遇到投訴的顧客，我都會誠懇地向他們承認錯誤，並且告訴他們我們對於今天發生的問題深表遺憾。這樣一來，顧客的敵意就被消除了，他們也開始變得容易交流起來。許多顧客都表示喜歡我們的這種態度。」雷恩克說，「有的還帶著自己的朋友來買車，在競爭如此激烈的今天，我們是多麼需要這樣的顧客啊，而這樣的顧客完全是由於我們對他們的意見的尊重而得到的。禮貌周到的對待顧客，才是贏得競爭的本錢。」

**「我曾經看過一本書。」雷恩克接著說，「其中一段話使我銘記，那就是：你永遠不會因為認錯而惹來麻煩，事實上，只有這樣才能夠平息爭論，引導對方變得公正寬大，甚至促使對方承認自己的錯誤。」**

卡爾．羅傑斯曾經在自己的書中寫過這樣的一段話：

「去試著瞭解別人的想法吧，這會使你得到許多意想不到的收穫。也許你會覺得奇怪，也許你會對此嗤之以鼻。並不是所有人都認為瞭解別人是必要的。但是，我想請你相信這是必要的。當我們面對『陳述』這個詞的時候，有多少人會首先就去試著瞭解呢？我們在面對別人所表達出來的感受、態度、意念之時，通常做出的反應無非是：這是正確的或者是錯誤的。我們有多少時間試著去瞭解過陳述者那些話中的真正含義呢？」

我自己也曾經面對過這樣的情況。那時候我請一位室內裝修師來負責我家中的窗簾的設計，可是當我看到帳單的時候，我結結實實的被這價格嚇了一跳。

不過，即使這樣，在我來訪的朋友說到我可能受騙的時候，我還是迅速的為自己辯解。我想我還是不願意承認自己被欺騙了這樣的事實，所以我開始提出「便宜沒好貨」這樣的理由。

過了幾天，當我的另外一位朋友面對這窗簾讚不絕口的時候，我卻表現出了與前一次截然不同的反應。「老實說，我想我還是對這個市場並不清楚。」

我誠懇地說，「這窗簾我買貴了。真後悔沒有提前諮詢好價格。」

我們有時候也許會承認自己的錯誤—那往往是在私下裡，當你面對著一個態度溫和而非想要惡意對你譏笑的人的時候。如果你被別人直接的指出錯誤，即使沒有惡意，你也會感到難以接受。

那麼，當你直率的指出別人錯誤的時候，是否曾經想到別人的感受呢？那樣的情況之下，不僅你的意見難以被人接受，你也會因為傷害別人的自尊而成為整個討論之中最不受歡迎的一部分。

曾經有人問馬丁・路德・金，為什麼身為一個和平主義者的他會傾向於白人空軍將領丹尼爾・詹姆士，而非黑人高級官員。他的回答是：「我並非以自己的原則來判斷他人，而是用他們的原則。」一次，南方聯邦總統傑弗遜・大衛斯與羅伯特・李將軍談起李將軍麾下的一名軍官。李將軍對他大加讚揚。在旁的另外一名軍官驚異的詢問李將軍：「難道你不知道他一直都在你的背後對你進行攻擊和誹謗嗎？」

「是的，我知道。」李將軍說，「可是，總統只是在問我對他的看法，並沒有問他對我的看法啊。」

記著，別和你的顧客、配偶或者敵人發生衝突，別指責他們的錯誤，更不要使他們動怒。假使形勢迫使你必須與人對立，用一些技巧吧，不要把事態弄的太過緊張。所以，如果你想要使自己令人信服，一定得記住第二大原則：尊重別人的意見，千萬別輕易的說：「你錯了。」

## 7、給他人說話的機會

許多人為了使對方的意見和自己保持一致，拼命地勸說對方，不給別人插嘴的機會。他們都犯了個致命的錯誤—說話太多，推銷員們尤其容易犯這樣的錯誤。事實上，如果你可以讓對方暢所欲言的話，你或許會得到更多有利的資訊，至少你明白了對方心裡真正的想法和這些想法產生的原因，你會思索自己的意見到底有什麼缺憾，有沒有更好的補充。

或許你並不同意對方的意見，可是，不要去阻止他，因為這並不能產生什

麼作用。當他人有著自己的意見要發表的時候，你並不能夠引起他的注意，所以你能夠做的只是忍耐，用開放的心靈傾聽他的講話，並鼓勵他完全的發表自己的意見。這個原則在商業中屢有實例，就讓我們舉一個例子來看看吧：

那已經是好幾年之前的事情了。那時候，美國最大的一家汽車工廠正在準備採購這一年之中所需要的椅墊布。三家有名的廠家都已經做好了樣品，並接受了品檢人員的檢驗。作為最後一步，他們派遣自己的商業代表前來接洽。

其中一個廠家的代表R先生，很不幸的，那幾天他患上了嚴重的咽喉炎，在參加高級職員會議的時候，他的嗓子幾乎不能發出聲音。在大家圍桌坐好之後，他面對著汽車廠家的紡織工程師、採購經理、推銷主任以及這家汽車公司的總經理試圖說話，可是他只能發出一些尖銳的聲音。迫於無奈，他只好在紙上寫下一些句子表示自己的歉意，並且在心中暗暗祈禱不要因為這個而使得自己的廠家失去這單生意。

「諸位，很抱歉。我的嗓子啞了，沒有辦法說話。」汽車公司總經理仔細的讀出這些句子，之後給了他一個安慰的微笑，「沒關係，讓我來替你說吧。」他陳列出R先生帶來的樣品，稱讚它們的優點，這位總經理在整個的討論之中始終在為R先生說話，而R先生只是偶爾的微笑或者做出少許手勢。

最後，出乎R先生意料的是他們得到了那筆生意：汽車公司向他們工廠訂購了五十碼的椅墊布，總價值一百六十萬美元——這是R先生的工廠一年來所接到的最大訂單。

事實上，R先生心裡明白，如果不是那時候自己的嗓子無法說話，也許他會失去那張合約也不一定。在談話的過程之中他發現自己預先的準備和考慮出現了很多錯誤，他深深地明白了，讓他人說話是多麼的必要。

范勃先生這位電氣公司的業務員對此也深有感觸，以下就是他的親身經驗。

當電器公司的業務員范勃先生在賓夕法尼亞州作農業考察的時候，他發現很多農家對電器並不感興趣。

於是他決定去拜訪這些家庭，盡管隨行的區代表告訴他這只能是白費力氣，這些農民對於公司絲毫不感興趣，不過范勃先生還是決定去試一試。

一開始，農家婦女對他的態度並不好，甚至在看到區代表的時候便一下把門關上，范勃先生費了很大功夫才說服這位老婦人再次打開門。

老夫人用警覺的目光審視著他們，於是范勃先生發現自己需要講些什麼來打破僵局了。

「嗨。」他友善的向老婦人打招呼，「你這群杜敏尼克雞養的實在不錯，我想請問一下你能不能賣一打雞蛋給我呢？」

「你怎麼知道我的雞都是杜敏尼克雞的呢？」她似乎有些好奇。

「那是因為我們自己也養雞。」范勃先生回答說，「所以我認識杜敏尼克雞，不過，我得承認，女士，我還沒有見過比這一群更好的杜敏尼克雞呢。」

「那你為什麼不用你自己家出產的雞蛋呢？」很明顯，她的戒備還沒有完全消除。

「那是因為我們家的來亨雞只產白色的雞蛋。」范勃先生誠懇的回答，「女士，您一定知道，在烹調上，白色的雞蛋是無法和紅色雞蛋相比的，尤其是在做蛋糕的方面。我的妻子喜歡做蛋糕，我想她一定會為這些紅色雞蛋而高興的。」

這時候，這位夫人的態度變得緩和，她請他們進院子來坐坐，范勃先生環顧四周，發現了一個牛奶棚。

「說老實話，我想您用這些雞賺到的錢一定比您丈夫用他的牛奶棚賺到的要多得多，不是嗎？」

老婦人高興起來，她一邊抱怨著自己的丈夫並不承認這一點，一邊邀請范勃先生他們參觀自己的雞舍。

范勃先生和她討論養雞所需要注意的，讚揚她自己製作的那些小設備，過了一會，這位老婦人提起了自己的鄰居們都在雞舍裡安裝電燈，據她們說效果不錯。她就此徵求范勃先生的意見……

兩週之後，范勃先生得到了這位老婦人的訂單，那些雞在燈光的刺激之下提高了產蛋率。多麼好的結果，老婦人得到了更多的雞蛋，范勃先生也得到了自己想要的訂單……

可是，如果不是范勃先生先耐心的傾聽老夫人的想法，他又怎麼能做成這筆生意呢？事實上，即使是你最親密的朋友，他們也會喜歡談論自己的成就而不是去聽你在那裡誇誇其談。

**法國哲學家洛西法考曾經說過：「如果你想要樹敵，就勝過你的朋友；但是如果你想要得到朋友的話，保持謙遜，讓他們勝過你。」**

為什麼會這樣呢？那是因為當你的朋友們相信他們勝過你的時候，他們在你這裡獲得了一種自重感；反之則只能使他們產生自卑感，並引起猜忌以及嫉妒。所以，不要時刻想別人誇大你的成就，只有時刻保持謙遜，才能夠得到別人的喜愛。

記住，我們應該保持謙遜。因為你我都沒有什麼了不起的，實際上，我們都只不過是世界上渺小的一分子。生命如此短促，不要把時間都浪費於談論我們那些不值一提的成就，而要鼓勵別人說話。

**如果你希望得到別人信服，那麼就多給對方機會，鼓勵別人多說話，這樣你才會更勝一籌。**

## 8、不將自己的意見強加於人

世上沒人願意被人強迫做事，人們都喜歡按照自己的意願行動，希望別人在做事時能尊重自己的願望、需求和意見，不喜歡別人妄下主張，忽略自己。學者曾經將「強加於人」列為最大、最危險、最可怕的人性之惡，這種人性之惡就如同倉庫的TNT，「強加於人」就是導火線，在它的促動下炸彈必將爆炸。希特勒的「亞利安人種理應統治全世界，猶太民族必須被乾淨、徹底、全部消滅之」的理論，就是將自己的個人意願強加給世界人民的例證，最終因為它的作用引發了第二次世界大戰，也引發了全世界的反法西斯運動。在人際交往中，將自己意見強加於人是自我懦弱的表現，是不自信和不誠實的行為，為了贏得別人的贊同，將自己的思想、想法勉強加諸於別人接受。

阿道夫·賽茲，這位汽車展示中心的業務經理就很懂得強迫人做事只能適得其反的道理。當阿道夫·賽茲發現自己公司的營業員們辦事沒有精神，態度也並非他希望的那樣積極的時候，他並沒有單純地採取批評、削減獎金或者解雇幾個最懶散營業員的方法，他只是召開了一次業務會議。

或許你會認為他在這次會議上要嚴厲批評自己的下屬了吧。並非如此！他只是鼓勵著自己的下屬們說出自己對於公司的期望，並把它們寫在黑板上。然後他轉身對自己的下屬們說：「我會盡量滿足大家的願望，現在，我希望大家也能明白我對你們的要求是什麼。」於是他提出了自己的要求：忠誠、進取、樂觀、團隊精神、每天八小時的勤奮工作等等。當會議結束的時候，大家都覺得精神百倍、幹勁十足，甚至有一個業務員自願提出了每天工作十小時的要求……塞茲先生後來說：自這次會議之後，公司的業務蒸蒸日上。

「我們進行了一項道德上的交易，」賽茲先生如是說，「我來實現我的承諾，而他們也實現自己的諾言以作為回報。而我事先徵詢了他們的要求，這正是他們所需要的。」

我們都喜歡按照自己的意願行動，不是麼？我們都喜歡別人徵求我們的意見，兼顧到我們的需求和愛好，這樣一來，我們就會感覺到自己的重要性。

**沒有一個人喜歡聽一個拙劣的推銷員在那裡喋喋不休，因為他的推銷使我們覺得自己好像在被強迫著去做某一件事情一樣。我們喜歡的是按照自己意願發生的事情，絕非強迫。**

韋森先生曾經是個推銷員，他在忽視這個規律的時候從未獲得推銷的成功。他的工作是將新設計的草圖推銷給服裝設計師和生產商，過去的三年裡，他每週都會去拜訪那位紐約最著名的服裝設計師，可是他從未向他成功賣出過一張新設計的草圖。

是的，那位設計師會仔細地看他的草圖，不過最後總會婉言拒絕：「對不起，韋森先生，我想我們今天又做不成生意了。」

在第一百五十次的失敗之後，韋森先生開始試圖找出自己的失誤，他耐心地研究有關人與人之間相處的法則，終於，他發現了一種新的處理方式。

他找到設計師先生，聲稱想請他幫自己一些忙。在設計師答應之後，他展現在設計師面前幾張尚未設計完成的草圖。

「這裡有幾張尚未完成的草圖，我不知道您是否樂意幫我個忙將它們完成，以便於使它更加符合您的需要？」

設計師一開始一言不發。他仔細地看了草圖，最後開口：「過幾天再來找我吧。這幾張草圖就先留在這裡讓我仔細看看。」三天之後，韋森先生從設計師那裡把已經修改好的草圖帶回去，按照設計師的意見仔細完成。結果呢？韋森發現設計師變得樂於向他購買這些經過他自己修改的草圖了，因為，這些草圖恰巧是他所需要的。

韋森這樣描述自己的成功：「事實上我並不應該始終期望他買我提供的東西，當我使他成為這東西的創作者，他就樂意購買自己的東西了。」

同樣，加拿大一個聰明的旅遊營地主人也用這種方法影響了他的遊客。那時候有一名遊客正打算前往營地去釣魚、划船。他給當地旅遊局發去了索取資料的詢問信，而回覆的是鋪天蓋地的說明資料，那些資料來自許多營地，印刷精美，令人眼花繚亂，同時也使這位遊客感到無法選擇。正在這個時候，一封信引起了他的注意。在這封信裡，這位營地的主人並沒有一味地誇讚自己的營地，他只是給遊客提供了很多人的姓名以及電話號碼，說明資訊全都是去過他營地度假的紐約人，並且建議這位遊客打電話詢問他們。

在這個名單裡面遊客發現了自己的一位朋友，於是便打電話過去，問他一些詳細的情況以及出外旅遊的經驗。最後，這名遊客確定了自己的出行計畫，打電話通知了那個營地主人他到達的具體時間。

這個旅遊營地的主人可謂是個聰明人，他招攬生意的手段並不是強迫客戶去他的營地旅遊，而是用過去遊客的經歷來說服新的遊客加入，給予客戶充分的參與和自我思考的空間。正是這種方法，他贏得了更多的客戶。

中國古代聖賢老子，他說過一些話，直到現在依舊對我們有著指導意義：大海之所以可以成為所有河流的歸屬，是因為海洋明瞭只有身處低下，才能夠包容所有的河流；聖人如果想要領導人民，則必須以謙卑的態度處事；如果想要引導人民，則需要跟隨在人民的身後。只有這樣，即使聖人身處高位，百姓也不會感覺到壓力；即使聖人在人民的前方，人民也不會感覺受到什麼傷害。

將自己的觀點強制給別人接受，你永遠得不到心悅誠服的接受。但你如果用讓步的方法，換一種角度來思考，你可能得到的要比你期待的更多。參考別人的意見，學習別人的方法，才能讓自己不斷進步。尊重他人的意見，對雙方都有好處，何樂而不為。我們做事切不可專橫，要給身邊的人多點尊重，多份理解，多份聆聽。如果你想要使他人心甘情願的信服，你就得讓別人覺得這些意見是出自他們內心的。

## 三 掌握說服他人的秘密技巧

### 1、讓對方開口說「是」

說服他人是件很困難的事，跟人們談話時，一開始不要談你們意見相左的事，不妨談些彼此間贊同的事情。如果可能的話，你更應該提出你的見解，告訴對方，你們所追求的是同一個目標，所差異的只是方法而已。奧弗斯德教授在《影響人類行為》中說過：「一個『不』字的反應，是最不容易克服的障礙。當一個人說出『不』字後，為了自己人格的尊嚴，他就不得不堅持到底。」西屋公司推銷員愛力遜負責的推銷區域，住著一個有錢的大企業家史密斯先生。公司極想賣給他一批貨物，過去那位推銷員幾乎花了十年時間，卻始終沒有談成一筆交易。愛力遜接管這一地區後，花了三年時間，對方才買了幾台發動機。他想如果這次買賣做成，發動機沒有毛病，以後就可以向他推銷幾百台發動機。

可是，這份高興似乎太早了。史密斯先生見到他就說：「愛力遜，我們不能再多買你的發動機了。」

他心頭一震，就問：「為什麼原因？」

史密斯先生說：「你們的發動機太熱，我不能將手放在上面。」

愛力遜知道如果跟他爭辯，不會有任何好處的，過去就有這樣的情形。現在，他想運用如何讓他說出「是」的辦法。

他向史密斯先生說：「你所說的我完全同意，如果那發動機發熱過高，我希望你就別買了。你不希望它的溫度，超出電工協會所定的標準，是不是？」

愛力遜獲得了第一個「是」字。

愛力遜又說：「電工協會規定，一台標準的發動機可以較室內溫度高出華氏七十二度，是不是？」

史密斯先生說：「是的，可是，你的發動機卻比這溫度高。」

愛力遜沒和他爭辯，只問：「工廠溫度是多少？」

史密斯先生想了想，說：「大約華氏七十五度左右。」

愛力遜說：「這就是了。工廠溫度七十五度，再加上應有的七十二度，一共是一四七度。如果你把手放進一四七度的熱水裡，是不是會把手燙傷？」

史密斯先生還是說「是」。

愛力遜接著說：「史密斯先生，你別用手碰那台發動機，那不就行了！」

史密斯先生接受了這個建議。談了一陣後，史密斯先生把秘書叫來，為下個月訂了差不多三萬元的貨物。

愛力遜費了多年，損失了數萬元的買賣，最後才知道，爭辯並不是一個聰明的辦法。要從對方的觀點去看事，設法讓別人回答「是」，那才是一套成功的辦法。

哈利．奧維屈博士曾經作過一個研究，他觀察交談著的人群，發現當人們說了「不」字之後，只會有很少的人會反過來推翻自己從前的論點。他把這叫做「『不』的反應」，而這一反應也正好是人類交流之中最大的障礙。

「當你說了一個『不』字之後。」哈利．奧維屈博士說，「你本性之中的自尊就會迫使你在繼續堅持下去。是的，你已經明白自己錯了，可是，出於自尊的考慮，你一定要堅持下去。你會發現自己已經陷入一個迷境，並且難以擺脫。」

所以，當你的交談對象說出一個「不」字的時候，你們的談話也就漸漸趨向於僵局。

記住這一點吧，當你在與別人交談的時候，先不要去討論那些你不同意的事情。你最好先去強調那些你同意的事情，不停的強調這些事情。因為你們都是在為同樣的一個結論而努力，你要明白，你們的差異之處只是方法，而絕非目的。

**懂得說話技巧的人，會在對方一開始的時候就成功的得到許多「是」的答案。這些答覆會引導著對方進入一個已經確定的方向—就像撞球一樣，雖然一開始你瞄準的是另外一個方向，當反彈之後，你將會得到自己想要的軌跡。**

可是，依舊有許多人忽略了這一簡單的技巧，他們錯誤的認為，在一開始就提出相反的意見正好可以顯示出自己的重要和充滿主見。於是他們這樣做了—雖然事實上結果並非如此。

這種讓別人說「是」的技巧充滿了現實意義，詹姆斯·艾伯森，這位經驗豐富的格林威治儲蓄銀行的出納，正是利用這種方法為自己挽回了一名即將失去的顧客。

這位顧客想要開一個戶頭，可是，他拒絕填寫銀行要求的那些有關自己個

人方面的資料。一般來說，這個時候銀行的出納員會向這位顧客再三強調向銀行提供一份完整的個人資料的重要性，他們會用專業術語嚴肅的再三聲明，可是這樣做的結果呢？

往往這位未來的顧客會很不高興的離開，不是嗎？或者更糟的，在他的聲明之下，這家銀行會喪失很多未來的顧客。幸運的是，這位出納員並沒有像常規我們所料想的那樣，他採取了更好的方式—讓別人說「是」。

「是的，先生。」他誠懇地說，「我想這些資料也並不是必須填寫的。」

這位顧客高興起來。

「但是，先生，不禮貌的說，假使你遇到什麼意外的話，你是否願意由我們銀行把錢轉給你所指定的親人呢？」

「那是當然的。」他很快的回答。

「那麼，您是不是認為您將要把這位親人的姓名告訴我們，以免到時候我們按照您的意思處理時出現什麼差錯或者延誤？」

「是的。」他的態度緩和下來。明顯的，這位顧客理解了銀行要求這些資料的原因完全是為了自己的利益的保障，於是他心甘情願的填下了所有資料，不僅如此，他還在出納員的建議之下，開設了一個以他母親為法定受益人的信託帳戶——當然，他這次心甘情願的回答了有關於他母親的所有資料。

只是使用了讓他一開始就回答「是」這樣一個小小的技巧，這位出納員就得到了顧客心甘情願的合作。

同樣，一家弓箭器材店的店員也是用了同樣的方法，使艾迪先生心甘情願的成了這家店的主顧。本來艾迪先生喜歡狩獵運動，也因此花了不少錢在購置器材和裝備上。有一天他的哥哥來訪，對他建議可以改為租借器材以節約金錢。於是他前往自己常常光顧的店裡詢問租借事宜，不過那裡的店員說他們並沒有這項服務，於是艾迪先生打電話向另外一家店詢問。接下來的事情，讓我們看看艾迪先生是怎麼說的吧。

我打電話向他們詢問是否還有對外租借弓箭這一項服務，接電話的店員的態度非常謙遜，他向我表示遺憾，告訴我他們已經不提供這項服務了。接下來他問我是否曾經享受過這種服務，當我回答他那是幾年之前的事情之後，他提醒我那時候一把弓的租金已經有二十五美元之多，接下來他問我是不是一個喜歡節約的人，我當然肯定了。接下來他就向我解釋，說他們正好有一套在作特價銷售的弓箭，我只要付出三十多美元就可以買到全部的裝備—也就是說我只要多付出幾美元就可以自己擁有整套器材。他還對於自己店鋪不再作租借的生意作出了解釋，那是因為這樣實在是很划不來。當然，最後我買下了那一套器材，還包括了許多額外的東西。從此之後，我變成了這家店的常客。

中國有一句古老的格言：「以柔克剛」。這句話反映出了東方人的智慧。而二千四百年之前的蘇格拉底，也有著同樣的看法。

人們總是尊稱他為最具智慧的說服者，他的方法被稱為「蘇格拉底法則」，也就是我們前面所提到的「是」的技巧。他問對方那些對方同意的問題，漸漸的引導對方進入自己設定的方向。對方在連續不斷的回答著「是的」，於是在對方覺察之前，蘇格拉底就已經得到了他想要的結果。

在下一次你想要指出別人錯誤的時候，記住蘇格拉底的這一法則吧。問那些溫和的問題—那些會使得對方樂於說「是」的問題。

**如果你希望自己能夠令人信服，首先你得讓別人心甘情願地說「是」。**

## 2、理解別人的感覺

你為什麼不是一條響尾蛇呢？

我知道這個問題會招致讀者們的驚訝、不解或者是嘲笑，但是，生物遺傳學給了我們確切的答案，那就是─你的父母並不是響尾蛇。

這或許聽上去有些荒誕不經，那麼，讓我們再次設問：為什麼你不會和蛇接吻，並尊奉牛為自己的神靈呢？

這下子，遺傳學就派不上什麼用場了，答案在人文學那裡─因為你並不是在波蘭馬勃拉河岸無數印度家庭之中出生的一名嬰孩，你從未接受過他們的信仰教育。

所以，你無法和你的對手產生同樣的感覺，這一點也不奇怪，你和他並非生活於同樣的環境之中。當你面前出現那些充滿煩躁、固執、缺乏理智的人時，要記著，如果換了你生活在這樣的環境之中，你或許也不會比他們好多少。所以，看到他們的時候，付出你的同情以及理解吧，正如高・約翰所做的那樣，當他看到街邊儀態盡失的醉漢時，他常常要感謝上帝，因為「如果不是

上帝的恩賜，我也會走在那邊。」

所以，牢記這一句金玉良言吧，這句話可以阻止人們互相辯論，可以消除他人對你的敵意，可以使人們對你的陳述產生興趣靜靜聆聽，這一句話並不複雜，那就是：「我並不奇怪你的感覺，老實說，如果我是你的話我也會這麼想的。」

明天，你即將要遇到的人之中，有百分之七十五人都需要你的同理心，只要你能給予他們所需要的同理心，他們就會變得對你產生好感。

我曾經犯下一個不可原諒的錯誤—至少在那位生長於康考德的女士眼中是這樣的。

那時候我在做一檔廣播節目。我在廣播中曾經提到過那位因為《小婦人》而蜚聲國際的著名女作者亞爾各德—那段時間我正在因為自己有幸到她的故鄉康考德拜訪而興奮，於是我說出來，希望聽眾們也能像我一樣開心。

可是，上帝啊，我竟然在激動之中把麻塞諸賽的康考德說成了紐韓賽的康考德！而且我還沾沾自喜的重複了一遍！於是，我為自己捅了馬蜂窩。蘊含著憤怒和指責的數不清的信函、電報將我一重重包圍，而其中最憤怒的一封來自於現居費城的史密斯夫人。我想，即使我稱亞爾各德女士是一名來自紐各尼的食人者，她也不能再用更苛刻的詞語來指責我了。當我閱讀這一封信的時候，我暗自慶幸這位老婦人不是我的妻子。我的情感驅使我要寫一封言辭激烈的信件，來告訴她一個事實：即使我在地理知識上犯了一個嚴重錯誤，但是，她在常規禮儀上的欠缺更為嚴重。我用激烈的詞語回擊，甚至於想要用武力來告訴她我真實的想法—謝謝上帝，我的理智在最後一刻為我自己拉住了剎車，我沒有成為一個昏了頭的傻子。

是的，我對自己說，我不能成為一個傻子，所以我要向自己挑戰，我要試圖和自己玩一場比賽。我決心對她的觀點和氣憤表示同情，「這位夫人，我將會把你的敵意變為友善」。我在心裡暗暗的自語，「說老實話，我不是不能理解你，如果我換到你這種立場上，也許我的反應比你更糟糕呢」。

很快我就又有了一次費城之行，那天晚上，我打電話給她，接著我們就進行了一場如下的談話：

—○○夫人，我這次冒昧的打擾您，是因為您幾個星期之前寫給我的一封信我要為它而衷心的感謝您。

——請問您是誰？（電話那頭的女士有著文雅的語調。）

——我的名字是戴爾·卡耐基。在幾週之前我的一次關於亞爾各德的廣播節目之中，我犯了不可饒恕的嚴重的錯誤。我說她曾經居住在紐韓賽，這簡直是太蠢了！而您則寫信糾正了我，為此我對您表示非常的感謝。

——不，卡耐基先生，我在那封信之中發了脾氣，還說了很多過分的話，我應該向您道歉。

——不！女士，不是這樣的！那正是我應該道歉的，這是任何一個只要有一些地理常識的人就不該犯的錯誤。我曾經在下一週的節目中向聽眾們道歉，而您，我更希望可以單獨向您個人道歉。

——我出生在麻塞諸賽州的康考德，二百年以來我的家族在這裡都很有聲望，所以，當您說到亞爾各德女士生在紐韓賽的時候，這讓以自己家鄉而非常自豪的我感到很難接受。不過，對於那封信我還是感到非常慚愧。

——我誠懇的告訴您，您的難過並不及我的那麼強烈。我的錯誤也許對於國家地理無害，但是那確確實實的傷害了我。像您這樣擁有地位以及聲望的人，本來是很少費工夫去寫信給無線電台播音員的，所以我希望當您在我的談話中發現錯誤時，能夠再次寫信給我。

—卡耐基先生，我希望您能知道，我確實很欣賞你這種接受批評的態度，我認為你一定是一名很好的人，很高興能夠認識你。

因為我飽含誠意的道歉，以及對她的觀點的理解，我也得到了她的道歉以及同情。不但如此，我還得到了因為控制自己脾氣，以及用友善來回應侮辱的益處，這一切給了我無限的樂趣。

但凡問鼎白宮的人士，沒有一個能夠逃脫每天所遇到的煩悶的人際關係問題，塔夫脫總統當然不能例外，在處理這些事情的過程之中他深深體會到理解在消除厭惡中所扮演的重要角色。他在自己的《服務倫理》一書中舉了一個例子證明，他是如何用理解使一位失望的母親由憤怒變為和緩的。

這位來自華盛頓的夫人的丈夫在政界頗有影響力，而這位夫人也曾來到華盛頓與塔夫脫總統周旋了將近兩個月的時間，她要求總統給她自己的兒子安排某一個職位。她得到了許多參議員的贊同，他們和她一起前來充當說客。

但是，事實上，這位夫人並沒有顧慮一個事實—她為自己兒子要求的職位存在對於技術的嚴格要求。思慮再三，塔夫脫總統還是選擇了一位由該部門部長舉薦的人選。

於是在這位母親的眼中，塔夫脫總統變得忘恩負義。她寫信來抱怨，指責總統本來可以做到這件對於總統自己來說易如反掌的事情，而這恰恰也可以滿足她的要求。她列舉自己以前和那些州議員們一起為總統做的事情，例如她和她的州代表們為塔夫脫重視的一個議案努力的爭取投票，她向塔夫脫總統強調，總統對於這件事情的處理使她感到非常失望。

當你收到這樣一封信的時候，你的第一個反應是什麼呢？開始嚴正的回信，思考如何可以恰當的回擊這樣非禮或者唐突的詰問？不，不要這樣。如果你足夠聰明的話，我想你或許可以先把這封信放置在一旁，耐心的等待那麼兩、三天。

兩、三天之後，正如我們所料的那樣，你會發現自己當初的反應如此的偏激，於是那個時候我開始坐下來，寫一封客客氣氣的信。

我在信中告訴她我完全可以理解她在這種情況之下的失望感受，可是，我萬分遺憾，那種委任並不能夠只按照我一個人的意念。按照規定，我必須去選擇一個符合該職位技術要求的人選，所以我只能夠按照這個部門部長的推薦。

最後，我祝願她的兒子可以在自己目前所在的位置上做出一如他父親那樣的成就。

於是她息怒了，並寫了一封短信向上一封信所說的內容致歉。

可是，由於那個委任沒有立刻確定下來。過了一些時候，塔夫脫總統又接到一封和前兩封筆跡相同的信件，但是上面的署名卻是這位女士的丈夫。他在信中說，由於這一次的失望，這位女士現在已經臥床不起，變得神經衰弱，而且胃疼不止，這位「丈夫」請問總統可否將委任人的名字改換成他們的兒子，以期恢復她的健康？

於是總統給這位女士的丈夫又寫了一封回信，對這位夫人的病情表示十分遺憾，委婉的回絕了改換委任令的要求。就在他發出這封信之後不久，在白宮的音樂會上塔夫脫總統夫婦遇到了這對夫婦，他們彬彬有禮的向總統夫婦他們致意。

伍勒先生在自己二二音樂經理人生涯中和世界上許多著名的藝術家都打過交道，比如說鄧肯、卻利亞賓、潘羅佛……在伍勒先生眼中，和這些性情善變的藝術家們交往，首先需要的就是對他們那可笑而古怪的脾氣充滿同情的理

解。

正如格慈士在自己著名的著作《教育心理》中所說的：「人類普遍的追求著從外界而來的同情：兒童會迫切的展示他所受到的傷害，甚至不惜故意造成割傷或打傷，以期收穫大量的同情。事實上，成人也會由於相同的理由來顯示他們所受到的傷害，他們敘述自己的意外、疾病，為自己所遭遇的真實的或者想像的不幸而感到自憐不已。總之，這已經差不多成為了人類的一種共同習慣。」

正如卻利亞賓一樣—這位偉大的低音歌唱家，有時候會像小孩子一樣耍脾氣，曾經擔任他三年經紀人的伍勒先生這樣說：「他就像一個被寵壞了的孩子。」

有一次，卻利亞賓在自己演唱會即將開幕的那天中午打電話給伍勒先生，稱自己因為喉嚨的不適而不能登台演唱。

「這是多麼的不幸啊！」伍勒先生真心的同情著，「我可憐的朋友！我會立即取消這個約定的。當然，你只會損失兩、三千元，這和你在聲譽方面的損失相比幾乎不算什麼。」

「我想，你下午再來一下吧。」卻利亞賓改變了口氣，「五點鐘的時候來看看，我到時候的感覺怎麼樣。」

五點多鐘的時候，伍勒先生會跑到他的旅館表示慰問，並堅持要取消約定，而卻利亞賓卻會說：「你可以晚一些來看我，那時候我的感覺要好一些。」

七點半，卻利亞賓帶著條件決定演唱了，他要求伍勒先生向自己的聽眾們解釋自己因為重感冒而嗓子不好，伍勒先生答應了他，可是，他會去解釋嗎？是的，他並沒有解釋，可是他的一連串舉動使這位天才的低中音歌唱家在心理上獲得了滿足，所以最後，他也達到了自己的目的。

因此，如果你希望別人可以衷心的信服你，別忘了遵守第九大原則：理解對方的意念以及欲望。

## 3、戲劇性地表現自己的意圖

在你說明一件事情的時候，是不是還墨守於列舉資料、舉出例子等陳規之中呢？而你又有否想過，這樣的說明效果如何呢？

去看看《費城晚報》吧，當他們面臨惡意謠言攻擊的時候，他們採用了一種別出心裁的回擊方法。

那時候，有人惡意的煽動那些需要刊登廣告的人們，他聲稱這份報紙由於登載的廣告太多，而值得閱讀的新聞等內容太少，已經在讀者之中失去了吸引力。這謠言減少了晚報的廣告來源，對於報社來說，這是一件必須解決的事情，那麼，他們是如何消除掉這個謠言的呢？

晚報發行了一本書—這書的所有內容全部來自於普通版每日刊載的各種閱讀材料。這本名叫《一日》的書一共有三〇七頁—和一本定價二美元的書一樣多，不同的是，晚報每天都會刊登這麼多的內容，而他的售價只有二美分。

這本書的發行成為了一個更加有說服力的事實，它向公眾表明了晚報曾經刊登過大量有趣的讀物，這要比報社盲目的列舉出一大堆詳盡的資料以及空談要更為有力、更為深刻。

鮑登和波西分析了一萬五千個售貨面談的案例。他們還根據這些案例寫了一本書叫做《如何贏得辯論的勝利》，不僅如此，這些原則還曾經被引用到他們的一篇演講之中——這演講曾經被拍成電影，在數百家大公司的營業部職員中內部放映。他們真實的扮演著辯論雙方，在觀眾之前激烈爭論，他們並不是單純的表達他們研究之中所得到的原則，更依靠自己來表演那些具體的售貨中的正確以及錯誤的方法。

這個時代充滿了戲劇性，所以，你無法單憑一些枯燥的語言敘述就使人們對你產生深刻的印象。要想使大家注意你手中的真理，你就得使這些真理更加生動有趣、更加戲劇化，也就是說，你必須得學會恰當的運用表演的藝術。

那些裝飾櫥窗的專家們深深地明白這個道理，鼠藥銷售商們在自己的櫥窗裡佈置了兩隻活著的老鼠，那一週，他們的銷售額隨之上漲了五倍。

普頓所在的《美國週刊》想要做一個關於市場上潤膚霜的長篇市場調查報告，他被派去拜訪一位業主，第一次，他的訪問完全的失敗了。

他選擇了錯的方向，業主和普頓展開了無益的討論和爭辯。他們兩個糾纏

於無休止的否定與肯定之中，業主否定了普頓，之後普頓又艱難的證明了自己的正確，可是，這個時候會談結束了，他什麼也沒得到。

第二次，普頓選擇了一個比較有趣的說服方法：當他進入這位業主的辦公室的時候，他從自己隨身的皮包中拿出三十二瓶潤膚霜的樣品，每一個瓶子上都貼了標籤，上面列舉這次商業調查的結果。

於是這位業主被這些瓶瓶罐罐給迷住了，他不再理會自己只給了普頓十分鐘時間陳述事實這件事。他拿起瓶子仔細打量，不時向普頓發問，整個會談持續了一個小時以上。

事實上，這次普頓陳述的內容並非異於上次，可是他改變了展示方法—充滿戲劇化的表演—於是產生了與上次截然相反的效果。

所以，當你期望被他人信服的時候，記住戲劇化的展示你的意圖。

## 4、不斷為他人提供挑戰

斯瓦勃手下的一個工廠總是不能完成指標。這個工廠的廠長向斯瓦勃彙報自己已經用盡了所有辦法，誘哄、強迫、責罵甚至恫嚇，可是這一切都沒有產生任何作用——工人們還是非常懈怠。於是，斯瓦勃來到了這家工廠，他決定要親自處理這件事情。

那時候正是傍晚，夜班工人快要接班的時候。

斯瓦勃拿了根粉筆，問一位工人：「你們這個白班今天作了多少單位？」

「六個。」

於是斯瓦勃在廠房的地板上寫下了一個大大的「六」，他一言不發的離開了。當夜班工人進來時，他們不解地問這個數字的意思。

「公司總經理今天來過了，」白班的人這麼說，「他問我們今天作了幾個單位，我們回答他六個單位，於是他就在地板上寫了一個六。」

等到第二天早上，當斯瓦勃再次來到廠房的時候，那個「六」已經被夜班工人所寫的「七」取代。而傍晚的時候，不服氣的白班工人則把這個數字換成

了「十」。

情形漸漸的好了起來，不出一個月，這家本來生產嚴重滯後的工廠已經遠遠超出了公司別的廠的生產額。而這一切，全都是因為斯瓦勃技巧性的激起了他們的競爭心，那並不是所謂的勾心鬥角的競爭，而是一種取勝的欲望。這種欲望能夠激發人的一種向上的精神—最有成效的鼓舞！

羅斯福也是在挑戰之中當上美國總統的。他剛剛從古巴回來就被推選為紐約州的候選人，可是就在那時候，反對者抓住了他並不是紐約州的合法居民這一口實來攻擊他，羅斯福不由得恐慌起來，他甚至考慮了退出。這時候，普拉德使用了激將法，被激怒的羅斯福大叫—聖巨恩山的英雄絕對不是一個弱者！

是的，他不是弱者，他堅持了下去。這個挑戰不僅改變了他的一生，同樣也影響了一個國家的歷史。

同樣的，史密斯也深刻的明白挑戰所能產生的巨大力量。

在史密斯任職紐約州長的時候，他深深地為決定星星監獄監獄長人選的事情而苦惱。這座久負惡名的監獄充斥著黑幕以及謠言，史密斯深知，自己需要一位鋼鐵一般強而有力的人去治理那裡。

當他找到勞斯的時候，他故作輕鬆的問他是否願意去管理那所監獄。勞斯當然遲疑了，他知道那所監獄的複雜和棘手，星星監獄充滿了政治的影響，那裡的典獄長一再更換，有一位任期最短的僅僅在那裡待了三個星期，而他需要的是一份能夠當作終身職業的差事，這真的值得他冒險嗎？

史密斯當然看出了他的猶豫，「年輕人，」他靠在椅子上微笑，「我並不驚異於你的拒絕。那裡不是個簡單的地方，你我都知道，那裡需要一個大人物去治理。」

一個巨大的挑戰，不是嗎？可這正是血氣方剛的勞斯所需要的，他喜歡把自己視為大人物的感覺，於是他成為了星星監獄任期最久的監獄長。他寫的《在星星的兩年》這本書累計已經售出了數十萬冊，他在星星生活的故事也被拍成了幾十部電影，而他所宣導的「人道化管理」也引發了監獄管理的改革。

挑戰是所有成功者們都喜愛的一種競技——一個最好的表現自己的機會，一個證明自身價值的機會。所以，當你希望使一個充滿幹勁，積極上進的人同意你的意見，最便捷的方法就是給他人提出一個挑戰。

## 5、委婉指出他人錯誤

當查理．夏布看見自己的員工在廠房裡抽菸的時候，他並非衝上前去搶走菸捲，並且狠狠的訓斥他們一頓，而是走到他們身旁，遞給每個人一支菸，溫和的對他們說：「老實說，如果你們可以到外面抽菸的話，我會非常感謝的。」當然，員工們知道自己違反了規定，可是老闆不但沒說什麼，還給了每個人一個台階，你們說，他們能夠不去敬重這樣的老闆嗎？

當約翰．瓦娜梅科走進自己的店中，發現一個顧客正等在櫃檯前面，無人理睬，而自己的店員們卻聚集在一個角落裡聊天嬉鬧。他並沒有當場大發脾氣，而是自己親自幫那位女士結帳，再把東西交給店員讓他們包裝。之後，他自己靜靜地走開了。

在一些大機構中，高層的管理者往往難以見到。一方面是由於他們確實事務繁忙，而另一方面，那些下屬對於自己的上司過於保護，他們不願意增加自己上司的負擔，於是他們採取行動，擋掉了不少來訪者。

佛羅里達州奧蘭多市的前任市長卡爾．朗佛對此就深有感受。在他在職期間，經常要求自己的下屬讓所轄地的百姓們前來和自己交談。他甚至還頒佈了「開門政策」。可是，即使這樣，市民們還是會經常被他的秘書和下面的管理人員攔在門外。

後來，卡爾先生終於想除瞭解決的辦法—他把自己辦公室的門卸下來移走了！這一行動使他的下屬人員們深刻的明確了市長改革的決心，從此之後，越來越少的市民被那些工作人員擋在門外了。

有人總是喜歡在真誠的誇獎讚美之後拙劣的加上一個「但是」來開始自己的批評。回想一下吧，你是不是也曾經這樣和孩子對過話呢？你想改變他漫不經心的學習態度，於是你對他說：「傑克，真高興你這次的成績進步了。但是，你要是能再多加強一下數學，那就更好了。」

這樣一來，本來在讚美之中興高采烈的孩子很容易就會被打擊，甚至於他會懷疑前面那些讚美的真實程度。今後，對於孩子來說，讚美或許會變成批評的前奏，而這對於改善他的學習態度也沒什麼好處。

但是，如果我們把這些句子改變一下，情形就會大為不同了。讓我們來試著這麼說吧：「傑克，我們都為你這次的成績進步而感到高興。我想，如果你

在數學方面繼續這樣努力下去的話，你的數學最終也會像其他那些科目一樣優秀。」

這樣一來，傑克就會毫無抵觸的接受這番並沒有添加轉折的讚美了。而且，由於我們也間接的提醒了他應該改進的方面，他也會懂得如何改進以達到我們的期望。

**間接的提出別人的錯誤，這可要遠比直接說出口來溫和的多，而且也不容易引起別人的強烈反感。**瑪姬．賈可布正是利用了這個規律，使那些原本懶散的建築工人養成了良好的事後清理的習慣。

一開始，賈可布太太發現這些自己雇來加蓋房間的工人絲毫不會顧及到那些他們產生的建築垃圾，每天當他們下班後園子裡總是亂七八糟。但是這幾位工人的技術都不錯，所以賈可布太太並不想使他們對自己產生反感，於是，她苦苦思索了一個解決的方法。

第二天早上工人們上工的時候，她把工頭叫到一旁，對他說：「我真的很感謝你們昨天在下班的時候把園子清理的那麼乾淨，我的鄰居們也很羨慕呢。」——事實上，那是前一晚賈可布太太帶著自己的孩子們清理的——不過從此之後，每天工人下班之前都會很自覺地把那些垃圾收拾好，而工頭也每天檢查院子的整潔。

哈里．凱撒，這位上士在訓練後備士官的時候也使用了這樣的迂迴戰術。這些後備士官們在受訓期間總是抱怨關於理髮的命令，因為在他們心理上自己還應該算是普通的一個老百姓。作為他們的上司，按照一般軍人的管理方法，哈里大可以對這些人吼叫，或者恫嚇，但是，他只是委婉地說：「各位，你們都將是未來軍中的領導者，你們將去領導別人，就向你們今天被領導一樣。大家應該都瞭解軍隊之中對於頭髮的規定。雖然我的頭髮比起你們的來要短很多，可是，按照規定我今天就要去理髮。諸位可以在休息時間去照照鏡子，如果你們覺得自己有理髮的必要，我可以安排時間讓你們到理髮室去。」

結果很理想，許多人去照鏡子，並依照規定理好了頭髮，哈里．凱撒的戰略獲得了成功。

當你想要說服他人的時候，記住第二條重要原則吧：

間接的、委婉的指出他人的錯誤！

## 6、沒有人喜歡被人指使

當我從事這本書寫作的時候，有一次我幸運的和著名傳記作家伊達・澤倍兒共進晚餐。於是我們開始討論與人相處這個話題。他告訴我，在自己撰寫《歐文・楊傳》的時候，一位曾經和歐文先生共事三年以上的人向她描述他和歐文在一起的情形—「我從來沒有聽過楊對別人說『你去做這個』、『你去做那個』之類的話，他也不會去說『啊，別那麼做』這樣的句子。在他的身邊你只會聽到『我想你或許可以考慮這樣』、『你覺得那樣如何』這樣一類的話……有時候，他會在自己口授了一封信之後詢問我們『你們覺得這樣寫如何？』在接過助手寫好的信時，他會說：『你覺得這樣寫會不會好一些呢？』總之，他喜歡讓自己身邊的人自己去探索，他只是在旁略微指導，他往往會選擇讓他們自己在錯誤之中學習。」

在使一個人改正錯誤之前，你須得思量如何可以同時保存他的尊嚴，你需要給他一種被尊重、被需要的感覺，這樣你才能夠使他心甘情願的與你保持合作，而不去選擇背叛。同樣，無禮的命令往往也會招致長期的怨恨以及反抗。

賓夕法尼亞州的一個學校裡就發生了一件活生生的例子。這件事情是由這所學校的教師丹．桑塔雷利講給我聽的。

這事情發生在某一天清晨，因為一位學生的車子沒有停好而擋住了別人的通道，這時候，一位老師衝進教室嚴厲的喊起來：「誰的車子擋住了通道？」當汽車的主人回答之後，他依舊厲聲呵斥：「快把你的車子移開，否則我就要叫拖車把它拖走了！」

是的，教師在這一場較量之中勝利了，犯錯的學生移開了車子。可是從此以後，這位教師發現有數不清的惡作劇在等著他。不僅是那位被他訓斥的學生，別的學生也失去了對他的尊重，他的日子變的麻煩重重。

試想一下吧，如果那位教師可以尊重學生，他完全可以和氣地問：「哪位同學的車子停在通道上呢？我想請他把車子挪開好麼？」我想，這樣不僅那位學生樂於合作，他也不會引起其他同學們的公憤。

伊安．麥當勞成功的運用了這種方法。他在南非的約翰尼斯堡擁有一家生產精密機器零件的小工廠。有人提出要向他們訂購一大批零件，但對於工期要求非常嚴格。那時候工廠的進度已經全都安排好了，麥當勞先生也不敢確定自

己是否能夠做到。但是，他並沒有催促自己的工人們加班，而是召集了所有的員工，在詳細說明整件事情經過之後開始提問。

「我們是否有辦法處理這批訂貨？」

「是否有人有辦法可以使我們能夠趕出這一批貨？」

「有沒有辦法可以調整時間或者個人工作分配，從而加快我們的工作進度？」

員工們給這幾個問題肯定的答案，他們堅持接下訂單，在他們的努力之下，如期趕出來了這批貨物。

如果你想成為一個有頭腦的領導人，如果你希望自己可以成功的說服他人，那麼請牢記：用提問來代替命令。

## 7、保全他人的自尊

幾年之前，通用電氣公司在安排查理·史坦梅茲的工作上感到非常棘手。這位部門主管在自己原先的電器部門時候業績極其出色，可是當他被調動到計算部門之後，大家發現他並不勝任這個部門的工作。但是，公司主管並不願意傷害他的自尊，因為他雖然不勝任計算部門的工作，卻是一位不可多得的人才。於是，他們給了他一個新頭銜：通用公司諮詢工程師—事實上，工作性質就像以前他在電器部門那樣，而計算部門，他們也調派了別的人擔任主管。

於是這件事情解決了。史坦梅茲對此結果感到非常滿意，他的自尊得到了保護。而通用公司也對此非常高興，因為他們可以平穩的解決掉這一件事情。

保護別人的自尊！這個問題向來容易被人忽略。我們重視自己的尊嚴，保護自己的權威，我們在大庭廣眾之下呵斥孩子、訓斥雇員，我們總是斤斤計較挑剔不已……想想看吧！這樣的行為造成了多少尷尬以及不愉快啊！要是我們能夠在行動之前多考慮一會，講一些安慰關心的話，設身處地的為他人著想……一切或許會變得好得多。

在我們再次面臨解雇員工或者訓斥他人的時候，先想想下面這個故事吧：說老實話，解雇別人不是一件好玩的事情，而你被別人解雇就更糟了。會計師的職業具有季節性，在所得稅申報的熱潮消散之後，有很多人都會面臨著被炒魷魚的窘境。而毫無同情心的例行談話只會讓事情變得更糟，它大約是這樣的：「啊，先生，請坐。你也知道，這個行業的旺季已經過去了，所以我們也沒有什麼工作可以交給你。當然，我想你也很清楚，我們只是在旺季的時候雇用你而已，所以……」

這種談話不但使得當事人感到失望沮喪，更重要的是他會讓當事人感到自己的尊嚴受到傷害。所以，馬歇．葛蘭傑採取了更為婉轉的方法。「先生，你的工作做得很好。」他衷心的說，當然，這位先生的工作也確實很優秀，「上一次我們要你出差去處理的棘手問題，你處理的也很得當，而且沒有出任何差錯。我們希望你能夠記得，公司十分相信你的能力，我們會永遠支援你並對你引以為榮的。」結果，被遣散人的心情會變得好一些，至少他的尊嚴得到了保護。他們明白，假使我們還有工作的話，是會請他們繼續留在這裡的；而當我們再次需要他們的時候，他們也會很樂意再回來。

佛雷德．克拉克也曾提到過一件事情──他們公司的前任生產部總管就是因為自己的自尊心受損而選擇了跳槽。

那是在一次生產會議上。副總裁矛頭直指生產部總管，他氣勢洶洶的向他發問了一個有關生產過程管理中出現的尖銳問題，而且他還擺出了一副準備挑錯的架勢。於是生產部總管為了避免在同事中出醜，選擇了對這個問題避而不答。這樣一來，副總裁更加惱火，他破口大罵生產部總管是個騙子。

說老實話，我們都覺得這位總管是個不錯的同事，可是，自從那次爭吵之後，這樣的工作關係就被完全破壞了。他再也不想在這家公司待下去了，於是最終他選擇了離開。幾個月後，他轉到了另外一家公司，並在那裡業績斐然。

而安娜小姐也遇到了相似的情況，幸運的是，她的老闆非常明智且善解人意。

那時候安娜小姐正在一家食品包裝公司擔任市場調查員一職，她的第一份工作是為一項新產品做市場調查。可是，由於她在工作計畫方面的不熟練，她犯了很多錯誤，更加嚴重的是──她在報告會議開始前一分鐘才發現這些錯誤！

明顯的，她已經沒有改正的機會了，她驚慌失措，當大家要求她做報告的時候，她竟然被嚇得發抖。她不敢哭出來，害怕會遭到同事們對自己過於情緒化的嘲笑。

安娜小姐簡短的說明了事情的情況，並且誠懇的表示自己會盡快改正。然後，她就坐在那裡靜靜地等待著自己的老闆大發雷霆。可是，老闆卻出乎意料的感謝安娜小姐的認真工作態度，並且寬容的表示新的計畫往往會有些紕漏。他表示對安娜小姐下一次調查的信任，並真誠的鼓勵她。

這樣一來，安娜小姐的工作情緒變得愈加飽滿，當她離開會場的時候，決心將竭力避免這種事情的第二次發生。

從上面的事例中我們不難看出，即使真理站在你的一邊，如果你並沒有顧及到別人尊嚴的話，我們依舊會傷害到別人，甚至會毀了一個人。所以，要成功說服他人必須學會不要傷害他人的尊嚴。

## 8、學會讚揚他人

在臭名昭著的星星監獄任監獄長的勞斯是我的朋友。在他任職的兩年之內，他使得這個監獄的情形發生了很大的變化，對此，我感到十分好奇。

「事實上，這並不是非常難辦的事情。」勞斯這樣回答我，「如果你必須面對並且應付那些盜賊的話，你只有一個方法可以使他服從—使他感到自己正在被視作一位很體面的君子，在相處之中假設他是規規矩矩的。這樣的話他會有所改變，並且因有人信任他而引以為豪。要知道，每一個人，即使是盜賊也希望自己可以保全被給予的好名聲。」

「這事情確實是這樣子的。」當我和自己的朋友琴德夫人談起這件事的時候，她這樣回答我，「我也有一個成功的例子，讓我告訴你吧。」

「那時候我剛剛雇用了一位女僕，她從下星期一開始上班。可是，週六的晚上，當我打電話給這位女傭的前任雇主的時候，她告訴了我一個不幸的消息—這女孩並不像她看上去那麼勤勞能幹。那麼，我又能夠做什麼呢？我開始思索起來。」

「這時候我想起從前曾經聽過的一句話──『如果你對別人尊重，並對他的某一種能力表示認可。那麼他就會很容易的受到你的引導。』於是，我決定去試試看。」

「當這位女傭在星期一的早上如約前來的時候，我對她說：『賴麗，我曾經打電話給你以前做事那家的太太，她向我稱讚了你的誠實，她說你是一個可靠的人，會做菜和照顧孩子。不過她說你並不整潔，從不收拾乾淨屋子。老實說，我並不相信她所說的這一點。所有人都能看得出來你穿的有多整潔，所以我相信，你也一定會把屋子收拾的和你自己一樣整潔乾淨，而我們的相處也一定能很融洽。』」

「然後你成功了，不是嗎？」我看著整潔如新的屋子問。

「是的。」琴德夫人微笑著回答，「我們果然在後來相處的很好。賴麗顧及著自己的名譽，她寧願每天多花一個小時打掃也要把這屋子收拾的整整齊齊。」

琴德夫人成功的運用了這一古老的計謀，莎士比亞曾經說過：「假定一種美德，如果你沒有。」事實上，如果你想要在某個方面改變一個人的話，你就需要把事情做得好像她已經明顯的具有那種美德一樣。最好是公開的說，對方具有那種你希望的美德。給她一個美好的名聲，她往往會盡力去做，而不會看著你失望。

雷布蘭克也成功的使用了這一法則—在《我同馬克林的生活》一書中她提到了這一案例。

那時候，有一位女僕被指派每天從鄰近的一家旅館中給雷布蘭克夫人送飯，她的名字是瑪麗，但是大家都叫她「洗碗的瑪麗」—因為她一開始的工作是在廚房給廚師們做幫工。

那位女僕長的很奇怪！她斜眼、彎腿，她的青春之花似乎在開放之前就已經早早的萎謝了，沒有人看到過她露出笑容。

有一天，當她給雷布蘭克夫人送來做晚餐的義大利麵時，雷布蘭克夫人肯定的對她說：「瑪麗，你要曉得，你的身上蘊含著巨大的寶藏。」

她沉默了幾分鐘，沒有一絲感情的流露，只是把盤子小心的放在桌子上，忍不住歎了口氣：「老實說，夫人，從前的我是不敢相信的。」她一如往常的回到廚房。

可是雷布蘭克夫人知道，這些話對於瑪麗產生了很大的影響！這天之後，她發現瑪麗開始注意起自己來，她小心的留意自己的面容和身體，並用心的掩飾自己的平凡之處，她的青春似乎又開始慢慢的綻放起來……

兩個月之後，雷布蘭克夫人收到了一個驚喜！在她即將離開的時候，瑪麗竟然向她宣佈自己即將和廚師的侄子舉行婚禮。「我要做太太了。而這都是托了您的福。」她真誠的向雷布蘭克太太致謝，「是您的話改變了我這一生。」

而呂士納也使用了同樣的方法來改變那些在法國駐紮的美國士兵的行為。他向將士們發表演說，告訴他們哈伯德將軍對他們的看法。他告訴這些背井離鄉的士兵們，這位最受人歡迎的哈伯德將軍認為他們，這些駐紮在法國的二百萬美國軍隊，是他曾經接觸到過的最清潔、最合乎理想的人。

沒有人懷疑這些話的真實性。而這一意見也確實激勵著那些將士們，使他們去努力達到這一標準。

**古語說的好：「為狗取惡名，倒不如把它吊死。」不過，換個方向想想，如若給它一個好名聲呢？**

在你試圖說服他人之前，請記得：予人美名，並使之被努力保全。

## 9、學會授權予他人

一九一五年，正值一次大戰時期。歐洲各國展開了史上規模最大的戰爭，這也使得美國極為震驚。於是美國總統威爾遜決意出面調解，以期為世界找回人們企盼已久的和平。為此，他需要派遣一位私人特使去和歐洲軍方代表進行面對面的磋商。

赫斯上校榮幸的得到了這一職務──誰都知道，這是一個立功並且名垂青史的好機會。不過，同時他也不可避免的得到了一件棘手的附加任務──將此消息告知伯拉恩。極力主張和平的當時任國務卿的伯拉恩也對此機會嚮往不已，以他的敏銳感覺，他必然會知道這職務對於一個人的成名會有多麼重要。

那麼，赫斯上校是怎麼將這個消息告知伯拉恩的呢？

這就需要我們去他的日記之中去探索了。在當天的日記之中，他這樣記載：

在聽到我要去歐洲做和平特使的時候，很顯然，伯拉恩很失望。他說他曾經打算自己去做這件事情。於是我告訴他，總統認為這件事情由任何人正式的

去做都不是很適合。而如果派他去的話，則會引起注意。人們會奇怪，為什麼會派他到那裡去……

赫斯上校話中的暗示並不晦澀，他用另外的一種方式向伯拉恩表示了他的重要地位，事實上，他想要對伯拉恩說的是—他的地位太重要了，因而不適宜去做這一工作—這樣，伯拉恩便取得了心理上的一種被重視感，這回答使他十分滿意。

赫斯上校顯然熟悉人情世故，他在這件事情的處理過程之中完美的遵守了人際關係之中的一個重要準則—使對方樂意去做你所建議的事情。

我的另外一個朋友，他也是這個準則的出色使用者。由於他過於繁忙，不得不推辭許多演講的邀請。這些邀請有的來自朋友，有的來自難以推卻的人。可是，他卻可以巧妙的推辭掉對方，同時卻不會使對方有所不滿。他是怎麼做的呢？

首先，他並不會使用太多的推辭，這樣只能使對方感到自己在他的心中並不重要。他誠懇的表達自己對邀請的感謝和對不能接受的抱歉以及遺憾，之後他向對方提出一個可以代替自己的人選。也就是說，他並沒有給對方充足的時間來對這推辭感到不快，他立即給了對方另外的解決途徑。

拿破崙曾經向他的兵士們頒發了一千五百枚十字徽章，並提升十八位將軍為「法國大將」，他稱呼自己的軍隊為「大軍」。這一切都被反對他的人所指責為玩鬧。

當拿破崙面對著他給予自己的軍隊許多「玩具」這樣的指責時，他的回答是：「人類本來就在經受玩物的統治。」

還記得那位來自紐約斯卡斯代爾的琴德夫人嗎？她曾經因為孩子們在自己的草地上胡亂踐踏，損壞青草而煩惱不已，她曾經試驗過許多辦法，不論是恐嚇或者是物質的誘惑，都沒有發生什麼作用，不過，最後她還是想到了一種絕妙的方法。

她給了那群孩子中最凶的一個人一個頭銜，她稱呼他為自己的「保衛」，她給了他一種權威，叫他去管理那片草坪，以防止有人侵入。這孩子完美的做到了這一點—他拿著一根粗粗的鐵條，威嚇將用這根鐵條懲罰任何闖入者。

獲得權威，這是人類的天性，也是人性之中一種不可消除的弱點。

所以，如果你希望可以成功的說服他人，就要想方設法使對方樂於做你所建議的事情。

# 四 獲取平安快樂的要訣

## 1、保持自我本色

保持自我這個問題「和人類歷史一樣的久遠」，正如詹姆士．戈登．基爾凱醫師所提出的那樣，這是一個全人類的問題。很多精神、神經、心理方面的問題，其潛在的原因往往是人們不能夠保持自我。安吉羅．派屈曾經關於這個問題寫了十三本書，並且曾經發表過數千篇有關兒童訓練的文章，他說過：「對於一個人來說，最糟糕的是不能夠成為自己，並在身體和心靈之中保持自我。」

山姆．伍德對此也感到頗為頭痛。這位好萊塢的著名導演對於現在年輕演員的嗜好大為不解。「他們總想成為二流的拉娜．特勒斯，要不就是三流的克拉克．蓋博。」他惱火地說，「為什麼不能試著演出自己的風格呢？觀眾並不喜歡重複的看這樣相同的演員，他們要新鮮的。沒有人希望對著一模一樣風格的演員看上半天。我曾經做過房地產生意，相信我，完全模仿別人的後果就是一事無成，這是我在商界的經驗告訴我的。我從來不會啟用那些模仿他人的演員，我只想要那些有自我特點的新人，只有他們才可能大紅大紫。」

保羅．波恩頓，《求職的六大技巧》的作者，一家石油公司的人事部主任，在他面試過六千多名求職者之後總結出求職者失敗的最大原因——「他們所犯的最大錯誤，往往是不能夠保持自我。他們一直習慣於揣摩『你想要什麼樣的回答』，而不是坦誠地講出心中所想。可是，我們為什麼要聽那些虛偽的回答呢？那些東西毫無價值。」

在凱斯．達萊成為一位紅遍半邊天被紛紛模仿的歌星之前，她也曾經迷惘的試圖模仿別人。當她第一次在夜總會唱歌的時候，她一直試圖用上嘴唇去遮擋自己的暴牙，她試圖讓自己渾身散發出高雅的氣息，可是這樣一來，她就始終無法專注於歌唱。這位公車司機的女兒，一個擁有這歌唱天賦並渴望歌唱的人，也許會因此而與成功擦肩而過。

還好她遇到了一位欣賞她的人。他直率的指出她的錯誤，不顧她是否覺得尷尬窘迫。他告訴她並沒有必要去掩飾自己的缺點，只要勇敢地去專注於歌唱。她越對自己充滿自信，越會贏得觀眾的欣賞，而那時候，她的暴牙或許還會得到大家的喜愛。

於是，那女孩開始大膽的盡情的歌唱，她再也沒有做出遮擋牙齒的蠢事，直到現在—笑話，現在為什麼還要遮擋牙齒？她已經走紅全國，甚至有許多歌星已經紛紛開始嘗試著模仿她。

威廉·詹姆士曾經這樣說過：

**對於我們實際上擁有的能力來說，被利用了的只是極少的一部分。有人做過研究，不超過百分之十。大部分人都不清楚自己有怎麼樣的能力，應該取得怎麼樣的成就，事實上，人們只是使用了自身資源中極少的一部分。人們往往不自覺地陷入自身所設的限制之中，盡管擁有豐富的資源，卻無法好好的利用。**

既然我們都擁有這麼多未曾開發的潛能，你又何必為自己不像其他人而擔心呢？以前沒有和你一樣的人，以後也不會有。你在這個世上是獨一無二的！正如遺傳學告訴我們的那樣，我們由來自父親和母親各自的二十三條染色體構成，而正是這四十六條染色體決定了你的遺傳，每一條染色體裡都蘊含了數百個基因序列，而每一個單一的基因都足夠改變一個人的一生，想想吧，人類生命不是一種令人敬畏的奧秘嗎？

即使你的父母孕育了你，也只有三千萬億分之一的機會能夠產生一個和你相同的人。換句話說，即使你有三千萬億個兄弟姐妹，他們也和你不同。這並非猜測，而完全是科學事實。

其實，縱使我在這裡大談如何保持自我，我也曾經犯過這樣慘痛的錯誤，而且並非一次。

當我剛剛從密蘇里州來到紐約時，我憧憬成為一名著名演員，於是我報考了美國戲劇學院，並且開始試圖模仿當時著名的幾位演員。我淺薄的心理認為，這是一條通往成功的捷徑，我甚至還在嗤笑為什麼沒有人先於我發現這樣的方法。可是事實上，在浪費了數年時間之後，我才發現，我就是我，並不可能成為其他任何一個人。

我是不是以後就可以避免這樣愚蠢事件的發生了呢？沒有，就在幾年之後，當我編寫一本關於公眾演講的書的時候，我又重新走進了這一條彎路。我開始收集各種有關這個課題的書，我對自己的構想很滿意，那就是我要編著一本無所不包的書，彙集其他書的觀點、意見。可是在一年之後，我發現這樣只能使這本書枯燥乏味，言之無物。於是我放棄了這一年的工作，選擇重新再來。

做你自己！這是最好的打破限制的方法，卻經常被人漠視。許多人在碰壁之後才發現正確的道路。譬如卓別林，一開始他被導演要求去模仿當時當紅明星，可是一事無成。直到他慢慢開始形成自己的風格，做回自己，他才嘗到成功的滋味。當瑪麗·馬科布賴德模仿愛爾蘭明星的時候，她是否想像得出當她做回那個來自密蘇里州的農村姑娘時在紐約廣播界中受到的歡迎？

做你自己！這也是美國作曲家歐文·柏林給自己後輩喬治·格希文的忠告。當格希文尚且默默無聞的時候，歐文已經聲名卓著。歐文欣賞格希文的才華，提出要用高薪聘請他做自己的音樂秘書。可是同時他也警告他，這樣會使他錯過成為自己的機會——「你要是接受了這份工作，你充其量成為歐文第二，可是，如果你不接受，終會有一天你成為世界第一的格希文。」

他說對了，在其後的時間裡，沒有接受這份工作的格希文在努力之中慢慢成為美國一流的作曲家。

當吉瑞·奧特利偽裝成紐約人，並一身城市裝扮的時候，他得到的只有別人的譏笑。當他回到自己的本質，不迴避德州口音，用三弦琴彈奏演唱鄉村歌曲，這才為他奠定了在電影界以及廣播界最受歡迎的牛仔地位。

請牢記並為自己高興吧，你，在這個世界上是獨一無二的、嶄新的一個人。你有自己獨特的天賦，記著，要努力去發現它，並且善用它。一切藝術不過是自我的流露，你的自我，你自己是由你的經歷，你的經驗，你的環境，你的遺傳所造就的，你就是你，而你所表現的藝術也只是專屬於你的，獨一無二的藝術。不論好壞，你都需要去用心經營。

## 2、學會放鬆，解除疲勞

科學家們在幾年前發現，當血液藉由活動著的大腦時，絲毫不會出現疲勞現象！換而言之，如果你僅僅是在從事腦力工作的話，是不應該感到疲累的。安德魯．伯頓，這項研究的負責者，這樣描述自己的實驗：「我一直都想弄清楚，人的大腦如果在不降低工作效率的情況下工作，最長的支撐時間會是多少。結果我們得到這樣的結果。那就是，取自正在進行體力工作者的血液樣本裡充滿了疲勞毒素，而腦力勞動者的呢？疲勞毒素的含量幾乎是零。」這是多麼的不可思議！既然大腦可以「工作了八～十二小時後，疲勞毒素的含量幾乎是零」，那麼，人們又是為什麼會感到疲憊不堪呢？

這就需要由專業的精神病理學家來解釋了。藉由他們專業的研究，他們發現大多數疲勞狀態源自於精神或者情緒所反映出的狀態。英國著名精神病理學家哈德菲爾德在其精神病理學著作《權利心理學》中提出觀點：大部分疲勞的原因都可以歸於精神因素，真正因為生理上消耗而產生的疲勞是很少的。**而美國著名的精神病理學家布里爾則更加肯定的宣稱：「對於那些身體健康狀態良好但經常感覺疲勞的腦力工作者，他們的疲勞則完全產生於心理因素，我們也稱之為精神因素。」**

那麼，這種導致疲勞的精神因素是什麼呢？當然不會是喜悅、滿足這樣正面的情緒。負面情緒對人體的影響一向大於我們的想像。不錯，厭煩、不滿、感覺自己無用、匆忙、焦慮等等，這些精神因素會消耗掉我們的精力，使我們容易疲勞，易於罹患疾病，經常感到頭痛……不錯，一切的罪魁禍首就是我們的情緒，是它在我們的體內製造壓力引發緊張使我們覺得疲倦。

我曾經在保險公司的一張宣傳單上讀到這樣的話：「疲勞並非因為辛勤工作而引發，尤其是那種經過休息或者睡眠之後仍然無法消退的疲勞——只有憂慮，緊張和心亂才會誘發疲勞，而我們卻往往把它歸結到身體或者精神的操勞上去——記住，處於緊繃狀態之中的肌肉本身就會製造疲勞，所以，放鬆自己吧！節省精力去做更加重要的事。」

現在，放下書，對著鏡子去觀察一下自己吧。你是不是正在深深地皺眉？你是否覺得自己兩眼之間的肌肉正在緊繃？你是正輕鬆的坐在椅子上或是緊繃雙肩？你有沒有覺得自己臉上的肌肉緊繃？除非你現在就像一隻被揉舊了的布玩偶那樣鬆弛，否則，你就是在製造精神緊張和肌肉緊張，換而言之，你正在製造精神疲勞和肌肉疲勞。

那又是為什麼我們會不自覺的製造出這些疲勞呢？丹尼爾．喬塞林找到了問題的關鍵——那就是：「幾乎所有人都相信，自己的工作是否認真，在與自己是否營造出了一種努力、辛苦的氛圍。他們固執的認為只有這樣才可以稱之為勤奮，否則的話就只能被責備為工作懈怠了。」所以我們才會在自己全神貫注的時候要自己表現出一副緊張兮兮的樣子，我們強迫自己眉頭緊鎖肩膀緊繃，我們無意識的給肌肉下令要求它們緊張—事實上，這和大腦工作毫無關係。

這是個多麼可悲的事實！即使是一個終生不會浪費一分一毛金錢的人，也往往在不自覺的時候浪費著自己有限的精力！

放鬆！記著，要放鬆！只有這樣才能完全的解除你的精神疲勞。只有在工作的時候使自己放鬆，你才能更好地投入到自己的工作之中。

事實上，學會放鬆也許並不容易，也許你要花上一輩子的時間來改掉你目前的習慣。不過看在它可能引發的你這一生的改變上，這一切都是值得的。威廉·詹姆士在自己的一篇文章中這樣提到：「美式的生活讓人過度緊張，高節奏、快動作、強烈極端的表達方式……這些或多或少都是壞的習慣。」

**那麼要如何開始放鬆呢？每個人一開始都有這樣的疑問。從什麼地方開始放鬆？大腦？神經？都不是，最先要開始放鬆的是你的肌肉。以眼睛為例子。首先你要讀完這一段文字，之後慢慢向後靠，使自己覺得舒適，閉上眼睛靜靜的對自己說：「放鬆，放鬆，鬆開眉頭，鬆開眉頭，放鬆，放鬆……」重複這**

**些大概一分鐘，緩慢的重複，不要著急。**

現在，你是否覺得自己兩眼之間的肌肉開始慢慢的鬆弛？是否覺得緊張慢慢減退？覺得效果神奇？但是它確實存在！在這短短的一分鐘裡，你已經學會了如何使自己放鬆。同樣，它可以用於你全身各處的肌肉。但是，你或許還不知道，最重要的器官還是在於雙眼。來自芝加哥大學的愛德蒙．加克布森博士曾經說過，只要你能夠放鬆眼部肌肉，你就可以忘記一切煩惱！理由已經被科學證實，那是因為眼睛消耗的能量佔據了全身神經消耗總能量的百分之二十五。許多人視力減退的原因是「眼睛疲勞」，最真實的原因其實在於，他們增加了眼睛的緊張。

在著名小說家微姬．鮑勃小的時候，一位曾經在馬戲團扮過多年小丑的老人教授她和一些孩子如何避免在摔倒時受傷。他告訴孩子們，事實上他們之所以會受傷，是因為不懂得放鬆自己。他教孩子們如何把自己想像成為一隻破舊的襪子，他們鬆弛的摔跤，前滾翻，後滾翻。孩子們發現自己可以非常安全——只要把自己想像成一隻破舊的襪子，他們就會變得非常鬆弛。

佳麗．克西，這位女高音也有類似的經驗，每當演唱會開幕之前，她都會在後台全身放鬆，特別是眼睛和臉部，她的下頜整個鬆弛的下垂，這讓她上台之後可以精力充沛。

**★這裡有四個建議，它們或許可以幫助你學習如何放鬆自己：**

①隨時放鬆自己，就像一隻舊襪子那樣鬆弛。我甚至還在自己的辦公室擺放了一隻襪子來時刻提醒自己。或者貓也可以——你曾經見過在陽光之下酣睡的小貓麼？全身放鬆，滿意地發出呼嚕聲。或許因為這樣，我從來未曾見過疲勞的貓，或者因為無法入睡而備受折磨的貓。

②給自己創造舒適的工作環境。記住，只有身體的緊張才會導致精神和身體的雙重疲勞。

③每天記得經常自我反省，問問自己是否講求效率，是否曾經作過不必要的事情。這樣會使你自動地養成放鬆的習慣。

④每個晚上在睡前再來一次總結性的自我反省。想想自己是否感覺到勞累？如果勞累，那只是因為自己的工作方式錯誤，而非因為勞心過度。

不要用自己疲勞的程度來衡量今天的工作是否成功，因為那恰恰說明了效率低下和品質欠缺。就像丹尼爾・喬賽森所說的：「我從來不用自己疲勞的程度來衡量工作效率，相反，我用不累的程度來衡量。如果我在晚上很累或者容易發火，我就知道今天我的工作品質不好。」我想，如果全世界的人都能夠明白這個道理，那麼由於緊張引發的高血壓死亡率必定會在一夜之間下降，同樣，精神病院和療養院也不會人滿為患。因此放鬆自己，告別疲勞是獲取平安快樂的要訣之一。

## 3、不要心存報復，即使對你的敵人

我還記得幾年前遊覽黃石公園的經歷。那個晚上我和許多遊客坐在露天座位上，充滿好奇和期待的等待著「森林殺手」灰熊現身。這種動物喜歡到森林旅館丟棄的垃圾堆裡尋找食物。騎著馬巡邏的森林管理員告訴我們，在美國西部，灰熊被稱為森林殺手。他們在美國西部可以說是所向無敵，大概也只有美國野牛和阿拉斯加熊可以和牠們一較高下。只有一種動物會跟著灰熊一同走出森林，大搖大擺的和它一同進餐—這種動物就是臭鼬。牠的體型很小，灰熊一掌就可以把牠擊得粉碎。可是灰熊並不這麼做，為什麼呢？是因為在森林之中長期生活的經驗告訴牠這完全犯不著。

事實上，我也有著同樣的經驗。小時候在農場生活的時候，我曾經在籬笆旁捉到一隻臭鼬，而當我到了紐約，也曾經在街上遇到過幾個兩條腿的臭鼬，慘痛的經驗告訴我，這兩種生物都不值得碰。

當我們憎恨自己的敵人的時候，事實上就是在用更大的作用力來傷害自己。我們因為那個人而影響自己的胃口、睡眠、健康、心情。憎恨並不能夠傷害你的敵人，反而會把你自己的生活搞得一團糟—要是你的敵人知道這些，一定會樂翻了天！

去看看紐約警察局佈告欄上的金玉良言吧，這可不是某一位理想主義者說的。

如果有一個自私的人占了你的便宜，遠離他，但是千萬不要想著去報復。

一旦你心存報復，這一切帶給你的傷害要遠遠大於他的。

或許會有人懷疑，報復怎麼會傷害到自己呢？這可是已經被證實了的。《生活》雜誌告訴我們，大多數高血壓患者的性格之中最突出的就是仇恨，長期的仇恨使他們罹患慢性的高血壓，還有可能引起心臟疾病。

憤怒甚至可以直接傷害人類的生命。是在說笑嗎？不！幾年前華盛頓就曾經發生過這樣的事情。一位餐廳老闆因為自己的員工堅持要用碟子飲用咖啡，氣急之下他拿起自己的左輪手槍追殺廚子，竟然因為心臟衰竭而倒地身亡。法醫的驗屍報告說明心臟衰竭的原因是憤怒。這也是為什麼醫生們會要求我的朋友──這位嚴重的心臟病人要臥床休養，並且在任何情況之下都不要動怒。醫生們深知，在心臟衰弱的情況下，任何憤怒都有可能導致生命危險。

耶穌總是說：「愛你的敵人。」這不單單是傳道，他也是在告誡我們如何善待自己，如何避開高血壓、心臟病、胃潰瘍以及那些過敏性疾病；同時，他也是在告訴我們如何改善自己的容貌──難道你沒有看到那些人因為憤怒而導致自己的容貌扭曲變形？再好的整形外科對此也束手無策！去看看那些由寬恕、溫柔、善良而形成的容顏吧！

**仇恨可以控制我們的味蕾，使得我們在美食之前也食不知味，正如《聖經》上面所說：「充滿愛意的粗茶淡飯勝過包含著仇恨的山珍海味。」**

憎恨難道不是在取悅我們的敵人麼？如果他們知道憎恨使我們精力缺乏，疲憊不堪，面容衰老甚至誘發心臟疾患而導致早亡—這一切難道不會使他們拍手叫好麼？

即使我們不能像耶穌一樣愛自己的敵人，也愛自己多一些吧。莎士比亞也曾經說過相似的話，他這樣告誡我們。

**仇恨的怒火，必將燒傷你自己。**

耶穌會要求我們原諒敵人七十七次，其實這時候他不僅是在告訴我們怎樣避開高血壓、心臟病、胃潰瘍和過敏性疾病，同時，他也在教育我們如何在生意場上獲得成功。去看看喬治・羅納吧，他正是一個活靈活現的例子！

那時正是二次世界大戰之時，本來在維也納從師律師工作的喬治・羅納先生身無分文的回到瑞典，他的當務之急就是要找一份工作來養活自己。因為他會多國語言，所以他自然而然的想要找個進出口公司擔任文書工作，在求職的時候大多數公司都婉拒了他—由於戰爭的原因這個行業出現了一片蕭條—只有一個人，他回信指責羅納先生，說他對自己公司的想像完全錯誤。他說羅納先生極其愚蠢，還指責他的瑞典文字錯誤百出。

羅納先生收到回信的時候當然非常的氣憤—這個瑞典人竟然說自己不懂瑞典話！可是看看他寫的信吧！這才叫錯誤百出呢！於是他動手寫了一封言辭更為尖刻的回信，足以把讀信的對方給氣出心臟病來了。他打算用這一封信為自己好好的出一口氣。

不過謝天謝地！他並沒有寄出這一封信。在寄信前一秒鐘，他使自己冷靜下來思索了一下。

「或許他說得也沒有錯。」他想，「即使我學過瑞典語，但那也不是我的母語。或許我真的犯了我自己都茫然無知的錯誤還自以為是呢？如果真是這樣我還是得加強學習才是。這個人說不定是幫了我的一個忙，盡管他用的方式極其糟糕也不能否定，我還是應該寫信去道謝才是。」

於是他揉掉原先的那封信，又寫了另外一封回信：「您在並不需要文書員的時候還抽空回信給我，我對此深深感激。對於打擾您我深感抱歉。我之所以會寫那一封信是因為我在查詢的時候，有人曾經告訴我您是這一行的領袖人物。我對於自己犯的文法錯誤覺得頗為慚愧，我會在今後努力學好瑞典文，以期減少錯誤。最後還是要感謝您幫助我自我成長。」

幾天之後，羅納又收到了一封回信，這次的回信絲毫沒有尖刻，不僅如此，他還被邀請到辦公室去面試。隨後羅納得到了這個工作，這一切都歸功於羅納先生自己找到的妙法良方──「用柔和驅散憤怒。」

俗話說得好，不能生氣的人是傻瓜，但不會生氣的人是智者。

我們並非聖人，所以我們無法偉大到去愛自己的敵人。可是最好去原諒並且忘記他們吧，為了我們的健康和快樂，這樣才是明智之舉。

艾森豪將軍的兒子在回憶自己父親的時候也曾經說過：「我的父親從來不會浪費一分鐘在想那些他不喜歡的人身上。」

威廉．蓋倫，前任紐約市市長，曾經遭受槍擊，生命垂危。可是即使在那些生死未卜的日子裡，病床上的他還努力在每一天睡前原諒所有的人和事，他把這作為自己從政的原則。你是否認為這太理想化、太天真呢？可是，即使是把生命比喻成痛苦旅程的德國哲學家叔本華依舊告誡我們──「如果可能，任何人都不應該心懷仇恨。」

曾任六任美國總統顧問的巴羅克，在遭受政敵瘋狂攻擊的時候，依舊未曾感覺困擾——「沒有任何人能夠污辱我或者困擾我，我不允許他們這麼做。」在我向他請教如何免於困擾時他如是回答，「你要知道，除非我們自己允許，否則沒有人能夠對我們這樣做。」

人類始終在景仰著那些不懷恨仇敵的人。加拿大的一座山峰以英國護士艾迪斯．卡維爾命名，她於一九一五年十月十二日在德軍陣營中殉難。她在自己比利時的家中收留照顧一些受傷的法軍和英軍，並協助他們逃往荷蘭，而這成為了她的全部罪名。在行刑的那天早上，她在羈押自己的布魯塞爾軍營裡，對軍中的英國牧師懺悔，她喃喃自語——「我現在才明白，只有愛國情操是不夠的。我不應該對任何人心存懷恨或者怨懟。」四年之後她的遺體被運往英國，並在維斯敏斯教堂舉行紀念儀式，她的雕像底座上鐫刻著那不朽的話語——「我現在才明白，光有愛國情操是不夠的，我不應該對任何人心存懷恨或者怨懟。」

要想真正的寬恕並且忘卻我們的敵人，最有效的方法還是去尋求比我們強大的多的力量。因為這可以讓我們忘卻一切的事情，當然侮辱也同樣無關輕重。

同樣讓我來舉個例子。美國人應該都知道一位黑人傳教士瓊斯，今時今日，他親手創辦的學校已經聲名鵲起，可是在第一次世界大戰期間，瓊斯卻險些被一些激動的白人青年施以絞刑。

這故事早在一九一八年。那時候，在瓊斯生活的密西西比州流傳著謠言，人們深信德軍會策動黑人叛變，而瓊斯被指控參與叛亂的策劃。

一群白人青年聽到瓊斯在教堂裡說：「生命是一場戰鬥，而我們黑人應該拿起武器，為爭取生存和成功而戰。」於是被恐懼蒙蔽了判斷力的他們衝進教堂，把繩索套上瓊斯的脖子，並把他拖了一英里遠。他們把他推上絞刑台，點燃木柴，準備在把他絞死的同時也把他燒死。這時候，有人叫瓊斯說話，於是他開始說話了。雖然絞索正環繞在他的脖子上，可是他並沒有求饒，而是開始講述自己的人生和理想。在脖子上還套著絞索，腳下即將升起火焰的時候，他談自己的前半段人生，自己的個性，追求，他一九〇七年畢業的愛達荷大學，他所擁有的音樂才華，以及他自己所仰慕的人—布克・華盛頓。瓊斯向他們講述自己如何仰慕這位偉人，也正是如此他才拒絕了各種待遇豐厚的職業，而選擇來教育自己貧困的黑人兄弟。他訴說自己的奮鬥，自己所獲得的幫助……他沒有為自己求一句情，他只是在為自己的事業求情。

他敘述自己在密西西比州偏僻之處如何開辦學校，就在那野外的樹林裡，他用自己手錶典當得來的一．六五元開始了自己的夢想。他訓練那些失學的孩子，想使他們成為有用的農人、工人、廚師以及管家。同時他也講述著在他奮鬥過程中所幫助過他的那些人——一些慷慨的白人贈送他土地、木材、家畜以及金錢，並協助他完成教育工作。

人們都感動了，在這一席絲毫沒有為自己求情的講話之中。一位老人開始為他說話：「我相信這年輕人。至於他所說的幾個人我也都認識。我想我們錯了，他是在做好事。我們並不應該殺死他，我們應該幫助他。」他摘下自己的帽子開始在人群之中為瓊斯募捐。在這群剛才還狂暴的想要吊死他的人群之中，居然為瓊斯募捐到了五十二美元。事後，瓊斯平靜得說，他並不恨那些想要絞死、燒死他的人，因為——「我沒空爭吵，也沒空反悔。沒有人能夠強迫我恨他們。」

**長遠而論，每個人都會為自己的錯誤付出代價，能將這個道理銘記的人，**

**就可以不對他人發怒、憤懣、誹謗、責難、攻擊以及怨恨。**

這是十九世紀之前艾比克泰德所說的，他還曾經指出，我們收成的就是我們所栽種的，正如中國的俗話，「種瓜得瓜，種豆得豆」，我們總無法逃脫為自己的罪行付出代價。

林肯是一位從不用自己的好惡去判斷他人的人。他委任相當高的職位給那些曾經羞辱過自己的人—麥克蘭、施瓦德、史丹唐以及蔡斯。就像赫登在自己的著作《林肯傳》中所說的那樣，林肯「總是認為自己的敵人像任何人一樣能幹。如果得罪他的人適合於這個職位，林肯一定會毫不猶豫的請他來擔任這一職位，就像他是自己的朋友一樣……在他任職期間，我相信他從來沒有因為個人的反感，或者因為是政敵來撤換掉任何一個人。」不僅如此，林肯還相信：「沒有人應該因為他的行為受到讚揚或者責難，因為每一個人都受到教育的條件以及環境的影響，我們所形成的習慣與特徵造就了我們的目前以及未來。」

林肯是對的，去想像吧！如果你和你的敵人接受著同樣的教育，生活在同樣的背景之下，並有著同樣的心理構成，你會做出和他們不同的事情嗎？正如印第安人的祈禱詞所說的，在穿上別人的鹿皮靴子行走兩星期之前，不要去輕易判斷和批評他人。因此，與其去憎恨我們的敵人，倒不如去憐憫他們，並自我慶幸自己沒有被安排於那樣的人生環境以及經歷。與其去苦心思索如何報復我們的敵人，不如送給他們理解和支持。

我至今還能記得小時候，我們住在密蘇里。我的父親，一個虔誠的基督教徒，每晚睡前都會祈禱。直到今天我還似乎能夠聽到他所習慣使用的祈禱詞—「愛你的敵人，祝福那些詛咒你的人，善待仇恨你的人，並為迫害你的人祈禱。」

這段話給了我父親一生內心的平安，這個世界上許多有權勢的人都無緣享受的平安。

同樣，要想獲得內心的平安快樂，就得放棄對敵人的報復心，那樣只會更多的傷害到自己。

## 4、將不利因素轉化為有利因素

當我著手這本書的寫作的時候，曾經對芝加哥大學校長羅伯特．哈金斯求教有關解決憂慮的竅門，他的回答和已故的西爾斯百貨公司總裁朱麗斯．羅森沃德的建議相同——「如果你手中只有一個檸檬，那麼就去做一杯檸檬汁吧。」

可是，在我們身邊的一般人卻往往不是這麼想的，或者更準確的說，他們的想法剛好和上述的兩位背道而馳。人們一旦發現命運送給自己的只是一個檸檬，往往會立即放棄，並且自怨自艾，埋怨命運對自己的不公。他們會說：「我完了！我的命這麼不好！我完全沒有一絲機會。」他們開始和世界作對，並且陷入自憐之中。

可是，如果那個檸檬落入一個聰明人手中呢？他會如何呢？也是放棄並且自憐麼？不，他會說：「我可以從這一次的不幸和失敗之中學到什麼呢？我要怎樣改善自己目前的處境？怎麼樣才能把這個檸檬做成一大杯檸檬汁呢？」

**阿德勒，這位偉大的心理學家一生都在研究人類以及其潛能，他曾經宣佈他發現了人類最不可思議的一種特性——「人類具有一種反敗為勝的力量。」**

瑟爾馬・湯普森女士的經歷正好印證了這一觀點，這位女士這樣描述她的那段沙漠經歷。

那時候戰爭剛剛開始，我的丈夫奉命駐守在加州沙漠中的陸軍基地。而我為了能夠經常與他見面而搬到軍營附近去住。我簡直沒有見過比那裡更糟糕的地方了！那裡熱得要命—即使是仙人掌樹陰之下的溫度也高達華氏一二五度—真是個可憎的地方！在我丈夫外出參加演習的時候，我就只能一個人待在那間小房子裡，沒有一個人可以和我談談話。更糟的是，那裡的風沙很大，所有吃的東西，以及我呼吸的空氣之中都充斥著沙子。

我不由得覺得自己分外可憐，簡直是倒楣到了極點，於是我決定放棄。我寫信給我的父母，告訴他們我準備回家，即使把我關進監獄也不能逼我待在這個鬼地方，我一分鐘也不願意再忍受下去。

我父親的回信很快就到了，很簡短，只有寥寥的三行。可是，這三行字卻始終牢牢地銘記在我的心中，並且改變了我的一生：

兩個人都從鐵窗向外張望，

一個看到滿地泥濘，

另一個看到的卻是滿天繁星。

這三句話確實震撼了我，我反覆地念著這封信，感覺到自己非常的丟臉。於是我決定找出目前處境的有利之處，換而言之，我要去試圖尋找那片星空。

我開始嘗試著和當地居民交流，他們的反應使我傾心不已。當我對他們的編織以及陶藝表現出極大的興趣時，他們會把那些拒絕賣給遊客的心愛之物慷慨的送給我。我還研究各式各樣的仙人掌以及當地植物。我試著去認識那些土撥鼠，觀看沙漠的黃昏，尋找那些散佈在沙漠之中的三〇〇萬年之前的貝殼化石，直到這時候我才知道，原來我腳下的這片沙漠在久遠之前曾經是一片海洋。

沙漠並沒有發生變化，每一次沙塵瀰漫的時候我也會深刻的明白這一點，可是，那到底是什麼帶來了這麼驚人的改變呢？只能是我的態度。正是因為我態度的改變而使我擁有了一段精彩的人生經歷。我所發現的新天地帶給了我刺激和興奮。於是我著手寫一本書——一本小說，它使我走出自己建築的監牢，找到了美麗迷人的星空。

這位女士發現的恰恰也是西元前五〇〇年希臘人發現的真理——「最美好的

事情往往也是最困難的。」，這真理在二十世紀也被哈里・愛默生・佛斯迪克重申—「真正的快樂不見得是愉悅的，它多半是一種勝利」，他如是說。

沒錯，快樂來自於一種成就感，一種超越的勝利，一次從檸檬之中提取檸檬汁的過程。

我曾經在全美各地做過長期旅行，因此常常有幸可以遇到一些「能幹的使自己反虧為盈」的人。

一位住在佛羅里達州的快樂農夫就是其中的佼佼者，他成功地把一個有毒的檸檬製成了可口美味的檸檬汁。

當他買下那片土地的時候心情無比低落，那是一片多麼貧瘠的土地！他發現在這片土地上只有長滿刺的矮灌木和響尾蛇可以生長。無法種植果樹，同樣，也無法養豬。他完全有理由沮喪，不是嗎？可是他並沒有這樣做。他在靈光一閃中，決定開始飼養響尾蛇並且生產響尾蛇罐頭。雖然當時大家對他的這個決定都充滿疑惑，可是幾年之後，他取得了顯著的成功—每年有平均兩萬的旅客前來他的響尾蛇農莊參觀，響尾蛇的毒液被抽出並送往實驗室製作血清，蛇皮被以高價售給工廠生產女鞋和皮包，至於蛇肉，每天都被裝罐，然後運往世界各地。甚至連村子的郵戳上也改名為：「佛羅里達響尾蛇村」，並出售以此為主題的風景明信片，可見現在當地人都在以這位成功使毒檸檬變成甜檸檬汁的農夫為榮。

已故的作家威廉·伯利梭在自己不幸於意外中喪失一條腿之後，依舊寫下良言警句：

人生最重要的並非用你所擁有的來作投資——這一點所有人都可以輕易辦到。真正重要的是如何從損失之中依舊獲利，唯有這樣才需要智慧，也才能夠顯示出人的智愚。

班·佛森用自己的行動證明了這一句話。這位不幸喪失雙腿的佐治亞洲州務卿總是溫和對人，我第一次遇到他的時候是在喬治亞洲大西洋城的一家旅館電梯中。當我步入電梯時便注意到這位表情愉悅的人沒有雙腿，他坐在靠在電梯角落的輪椅上，當電梯指向他要去的樓層時，他和善的請我移動以便他順利的挪動輪椅。「對不起。」他微笑著說，「很抱歉要給你添麻煩。」臉上掛著和煦的笑。

我步出電梯回到自己的房間——可是我發現我不能控制自己不去想這位微笑

的坐輪椅的先生。於是我找到他，並且請求他告訴我他的故事。

「這個故事開始於一九二九年。」他面帶笑容，彷彿不是在講自己從前的痛苦經歷，「那時候我二十四歲，到山上去砍伐山胡桃木。當我把木材堆積在自己的車上，並準備開車回家的時候，一根木條滑下來，正到急轉彎的時候恰好卡在車軸上，於是我就被立刻彈到一棵樹上。那一次，我的脊椎骨受了傷，雙腿也因此癱瘓。也就是說，從我二十四歲之後，我再也沒有走過一步路。」

「那時候你就這麼勇敢的面對現實了麼？」我震撼於這個殘酷的事實，忍不住小心翼翼地問。

「不。那時候的我遠沒有現在這麼勇敢。那時候的我心中充滿憤怒以及對社會的抗拒。可是，當我逐漸長大，我發現這些對我自己毫無幫助，只不過使我逐漸變得尖酸刻薄。」他說，「那時候，我終於體會到，別人都和善禮貌的對我，那我也應該同樣禮貌和善的回應人家。」

「到了現在。」他微笑，「我已經不再覺得二十四歲那年發生的事情是一個不幸了。有時候我甚至慶幸它的發生。正是因為它，在我經過那個震驚和憎恨的階段之後，我開始閱讀，並培養自己對文學的愛好。這十四年以來，我至少閱讀了一千四百本書，這些書使我的領域得到大大的擴展，也使我擁有了從前從未企及的豐富人生。我還學會了欣賞交響樂──在從前這些音樂只能使我打盹。可以這麼說，這是我人生之中第一次真正的用心看世界，並體會世界存在的價值。我終於體會到以前努力追求的很多事情其實並沒有真正的價值。」

「同樣是由於閱讀，我開始對政治感興趣，並且開始研究公共問題，甚至我還坐在輪椅上去四處發表演說。」他自豪的笑著，「我開始瞭解人們，人們也同樣開始瞭解我，他們為我投票，之後，我還成功的當上了喬治亞州州務卿。」

當我在紐約市教授成人教育課程時，我所接觸到的很多學生都認為未曾接受大學教育是一件遺憾甚至於可恥的事情。因為他們沒有能進入大學接受為期四年的教育，他們認為這是一種缺陷。

可是，奇怪的是，我認識的許多成功人士都並未接受過大學教育，所以，我認為大學教育並非他們想像之中那麼重要，我常常會告訴我的學員有關一個失學者的故事。

故事的主人公在童年時代非常貧困，而更為不幸的是，他還沒有成年就失

去了父愛。而在父親去世之後，他們甚至要依靠父親朋友的救濟才得以安葬父親。為了養家，母親必須每天都在一家製傘公司工作十小時，而晚上回家之後依舊要作從別人那裡攬來的零工，每天都要做到晚上十一小時能夠休息。

他在這種環境之中慢慢成長。在一次教會的戲劇表演之後他開始對表演感興趣，於是就開始訓練自己公眾演說的能力。在他三十歲的時候已經被選舉為紐約州議員—其實那時候他還沒有準備妥當，他甚至親口告訴我，那時的他還弄不清楚州議員的職責是什麼。他開始著手於法案的研究，可是對他來說，那些冗長的法案不啻於天書。他被選入森林委員會，可是那時候他並不瞭解森林；緊接著他又被選入銀行委員會，這對他來說更是一個笑話，因為當時他甚至連一個銀行帳號都沒有。

他感到無比的茫然，幾次都想到要放棄，可是他又不願向自己的母親，那位為了他們的生計辛勞半生的婦人承認自己的挫折感。於是他開始發憤，在絕望之中他堅持一天研讀十六個小時，以便於把自己那個無知的酸檸檬變成一杯充滿知識的甜檸檬汁。

他也做到了這一點，在不懈的努力之後，他由一位地方政治人物提升為全國性的政治人物，連《紐約時報》也因他的傑出而尊稱他為「紐約市最值得敬愛的市民」。

這位傳奇性的人物就是曾連任四任紐約州長的阿爾・史密斯，在他之前還沒有人可以創下這樣的紀錄。在他開始自我教育的十年之後，他成為了紐約州政府的活字典，一九二八年，他更當選為民主黨總統候選人。六所著名大學，其中包括了哥倫比亞大學和哈佛大學，都曾經授予榮譽學位給這位少年時代已經由於家境貧困離開學校的人。

阿爾曾經在一次談話之中親口告訴我，如果不是那時候一天十六小時的奮發，他絕對不會有今天的成就。

尼采認為：「優秀傑出的人，不僅能忍人之所不能忍，並且樂於進行這種挑戰。」

而威廉・詹姆士也曾經認為：「我們最大的弱點，或許可以給我們提供一種出乎意料的助力。」

在一開始，大部分人會覺得這話說的玄妙，可是，當我在研究那些有成就的人的時候，我越來越深信，他們的成功大部分是由於某種缺陷而激發了他們

的潛能。

這樣的事例還少嗎？密爾頓如果不是失去了自己的視力，他未必能夠寫出像現在一樣精彩的詩篇。

貝多芬的耳聾，或許促使了他完成更加動聽的音樂作品。

如果不是耳聾目盲，海倫·凱勒不會拿起自己的筆。

如果柴可夫斯基不是經歷了那悲慘的幾乎逼得要自殺的婚姻悲劇，或許我們難以聽到不朽的《悲愴交響曲》。

托爾斯泰和杜斯陀也夫斯基也都是因為自身命運悲慘，才寫出了流傳千古的動人小說。

達爾文坦誠自己也受到過弱點的刺激，這位改變了所有人類科學觀點的科學家如是說：「如果我不是本身這麼無能，我就不可能去完成所有這些由我辛勤努力而完成的工作。」

在美國肯德基州的小木屋裡，和達爾文在英國誕生的同一天，亞伯拉罕·林肯呱呱墜地，這個嬰兒也是受到了自己缺陷的激發而取得偉大成就。想一想吧，如果林肯生在一個富有的家庭，可以輕鬆的得到哈佛大學的法律學位，又擁有了美滿幸福的婚姻—我們很難想像他還可以講出如同在葛迪斯堡演講時那麼深刻動人的不朽的詞句，更別說在他連任就職時候的演說了—那簡直可以視為是傳世的詩篇，裡面滿是一位統治者高尚的情操，他說：「對人無惡意，長懷慈悲於世人……」

「堅毅的愛斯基摩人由冰冷的北極風所造成。」這是盛傳在斯堪地那維亞地區的一句俗語。佛斯狄克在其著作之中也曾提及，他說過：「我們並不相信人們會因為舒適的日子，沒有任何困難的生活而感到快樂。事實剛好總是相反，一個自憐的人即使舒服的靠坐在沙發上也不會停止自己的自憐。倒是那些不計環境的人常能快樂。他們總是富有個人的責任感，從不去逃避。在這裡我還是要強調那句諺語—堅毅的愛斯基摩人由冰冷的北極風所造成。」

**如果，我只是說如果，我們真的灰心到看不出有任何轉變的希望的話，這裡還是會有兩個理由去說服我們應該勇敢地去嘗試。這兩個理由會保證我們試了之後只會變得更好，而不會變得更壞。**

第一個理由：我們可能會成功

第二個理由：即使未曾成功，這種努力的本身也已經迫使我們向前看，而

**並非駐足不前，充滿悔恨。**

這種行動會驅除消極的想法，使你的思想之中充滿積極。這種努力足以激發我們的創造力，促使我們開始忙碌。這樣一來我們也就沒有時間和心情去為那些已經過去的事情憂傷歎息。

在一次巴黎的音樂會上，正當台下聽眾全神貫注傾聽世界著名小提琴家歐爾．布林演奏之時，突然發生意外，小提琴的A弦斷了。台下譁然，大家都以為這場演出不得不被迫畫上一個不完美的句號，可是歐爾．布林卻面不改色，他鎮定的以剩餘的三條弦演奏完全曲。對此，佛斯狄克的評論是：「這就是人生，斷了一條弦，你還要以剩餘的三條弦繼續演奏。」

這已經不僅僅是人生！這已經超越人生，這簡直是生命的頌歌！

如果可以的話，我想要把威廉．伯利梭的一段話鐫刻在每一個學校牆壁之上：

**人生之中，最重要的並非僅僅是如何運用你所擁有的——這一點任何人都做得到。真正的挑戰是如何從損失之中獲得收益，只有這才需要真正的智慧，也能夠顯示出人類的智愚之別。**

所以如果命運給你一個酸檸檬，去把它做成甜的檸檬汁。

# 下篇 《人性的優點》戴爾·卡耐基

《人性的優點》又名《如何走出憂慮的人生》，是卡耐基教授寫的一本關於如何征服憂慮的書。此書對卡耐基原著作原義進行了深入闡述，告訴我們：如何走出人生的困境；如何充分瞭解自己、相信自己，養成良好的習慣；怎樣從憂慮中解脫出來，創造幸福美好的人生。這其中，既有卡耐基自己的親身經歷，又有他為各種人士開出的克服憂慮的妙方。它對於開闊我們的視野，戰勝自身的憂慮，特別是克服封閉式的人性弱點，有寶貴的啟示和借鑑作用。

本書濃縮了卡耐基成功哲學中的思想精華，幫助讀者解決生活中面臨的最大問題：如何在日常生活、商務活動與社會交往中與人打交道，並有效地影響他人；如何擊敗人類的生存之敵——憂慮，以創造一種幸福美好的人生；如何在演講場合表現突出，準確地表達自己的觀點和思想，從而贏得聽眾的尊重。這些問題的解決必將幫助新世紀的人們獲得更美好的人生，幫助人們到達成功的巔峰。成功其實很簡單，只要你遵循卡耐基這些簡單實用的人際準則和生活技巧，你就能獲得成功。

# 一 如何驅趕憂慮

## 1、誰無憂慮

當我們談到如何驅趕憂慮之前，我們應該先看看什麼是憂慮，人們為什麼會憂慮？或許這樣對我們卸下憂慮的包袱有所幫助。

什麼是憂慮？憂慮就是不安、煩躁或恐懼的感覺。這些感覺通常與消極的思想相伴而生，它們似乎總是關係到將來可能發生的事。「如果公司裁員我該怎麼辦？」「如果我的女兒進入寄宿學校，她生活不能自理怎麼辦？」「如果我們現在就買下這幢房子，我們能不能按期支付貸款？」「下次車禍，不會發生在我們身上吧？」……

這些擔憂的思想就像惡魔一樣纏繞著每一個人，折磨得我們焦急、困惑、心煩意亂。人走到哪裡，它就跟到哪裡，從來不會因為地方和環境的變化而消失。所以人們常說憂慮的人是活在未來，他們總是花很多時間考慮將來可能會發生的事，然後為最壞的可能而擔驚受怕。

其實世間誰無憂慮?讀書人為考試憂慮，年輕人為前途憂慮，父母為孩子憂慮，老人為日暮憂慮，窮人為錢不夠用而憂慮，富人為財產的分配而憂慮，病人為疾病憂慮，忙碌的人為事情做不完而憂慮，無所事事的人為無聊而憂慮。孤獨的人為寂寞而憂慮，團聚的人為不能永久相聚而憂慮。如果有人說他在這個世界上沒有絲毫牽掛，那我敢斷言，他在說謊。因為任何一個認真負責的人，都會感覺到一定的憂慮，憂慮是促使人做成事的一個原因。

一世梟雄曹操，當擁兵坐陣長江，看到皎月當空，也不僅百感交集，歎息道：「憂從中來，不可斷絕」；伍子胥為過昭關，憂愁得一夜髮白；范仲淹「先天下之憂而憂，後天下之樂而樂」。許多成就非凡的人常常都是憂慮的人，他們因為擔心自己的不足而導致未來發生不好的事，所以這種憂慮促使他們發奮努力進取。但也有人善於把憂慮隱藏起來，他們只是沒有表現出來而已。所以人們常說「人無近慮，必有遠憂」，真是顛撲不破的真理。

## 2、認識你自己

在希臘帕爾納索斯山南坡上，有一個馳名整個古希臘世界的戴爾波伊神托所。這是一組石造建築物，它的起源可以追溯到三千多年前。就在這個神托所的入口處，文獻上說人們可以看到刻在石頭上的兩個詞，用今天的話來說，就是「認識你自己」。古希臘哲學家蘇格拉底最愛引用這句格言教育別人，以至於人們認為此話出自他之口。其實這句格言是阿波羅神的神諭，它也是希臘家喻戶曉的一句民間格言，希臘人民的智慧結晶，後來被附會到大人物或神靈身上，借此廣泛傳播開去。

有意思的是，兩三千年前這句格言直到今天還被廣泛運用，具有現實意義。認識自己，就是客觀地捫心自問：到底你自己有多少份量和內涵。著名科學家愛因斯坦就是因為對自己有充分的認識，才至今享譽世界。二十紀三〇年代他曾收到以色列當局的一封信，信中誠請他去當以色列總統。因為愛因斯坦是猶太人，若能當上猶太國家的總統，在一般人看來，自是榮幸之至了。但出乎人們意料的是，愛因斯坦竟然拒絕了。他說：「我整個一生都在同客觀物質

打交道，既缺乏天生的才智，也缺乏實際經驗來處理行政事務以及公正地對待別人。所以，本人不適合如此高官重任。」可以說，愛因斯坦是位不僅深刻認識大自然，也深刻認識自己的人。

愛爾蘭有位作家叫布朗，一生下來就患癱瘓症，到五歲時還不能走路、不會說話，頭部、身體、雙手和右腳都不能動彈。五歲那年的一天，他妹妹用粉筆寫字，他從中受到啟發，忽而伸出左腳將粉筆夾住，在地上勾畫起來，一年後他學會了寫二十六個英文字母，從此母親教他讀書認字。後來他以堅強的毅力學會了用左腳打字、畫畫，並開始作文和寫詩。他把打字機放在地上，他用左腳打字、進紙、出紙和整理稿紙。每打一張不知要消耗多少精力和時間。二十一年後終於出版了第一部自傳體小說《我的左腳》，十六年後又出版了另一部小說《生不逢時》，成為國際暢銷書，十五個國家出版了他的著作，還改編成了電影。在他四十八年的短暫生涯中，他以驚人的毅力創作了五部長篇和三部詩集，這些都是用一隻左腳的腳趾打成的。

**布朗這位令人感動的作家算是真正找到了自己，發揮了自己僅能動的一隻腳的優勢，從而鑄就了人生的輝煌。**

布朗就是因為對自身的狀況有充分認識，才會結合僅有的肢體優勢並加以應用得來最終的成功。

認識自己的人，才會擁有理智和通達的人生觀；認識自己，才能征服自己；認識自己，才不會盛氣凌人，才會憐憫他人，才會保持率直和真誠；認識自己，才會在擁有智慧時虛懷若谷；認識自己很難，需要時時反省自己，時時檢查自己，時刻考慮他人的立場。

縱觀歷史長河，劉備因為認識自己的才識有限，發現諸葛亮的才氣出眾，才不恥三顧於諸葛亮的草廬之中，重用他，最後劉皇叔才能鼎足於三國。追究其根源，不在於諸葛亮的才氣多麼出眾，而在於劉備的自知之明。倘若他不承認事實又礙於面子，沒有「三顧茅廬」之請，那麼他最終能實現自己的宏偉大業嗎？

史蒂芬．霍金，這位科學史上再偉大不過的人。在他的生活中，面對自身的殘疾，他擦亮了自己的眼睛，勇於面對著殘酷的現實，繼而懷著永不放棄的毅力和走向成功的決心，才助他走向頂峰成為科學界的一顆閃亮的北斗星。假如他不敢面對生活，自暴自棄，不正視自己，能成就他的一代美名嗎？不，正是他認清了自己：比別人差，低人一籌，要成功需要付出的汗水將是常人的數倍的事實，正視自己人生，用積極，樂觀的態度面對，從容地承受這殘酷的現實對他的摧殘，《時光簡史》不正是對他的認可嗎？

我想，如果萬物有知的話，螢火蟲不會因為自己微弱的光亮而放棄光明；寒梅不會因為自己不豔麗而放棄開放；滴水不會因為自己微小的力量而放棄穿石；而我們也不會因為自己的起點比別人低而放棄努力。因為我們已經認識了自己，這樣我們就可以明白地確定自己的奮鬥目標，而為之不懈努力。人生就像一個座標，只要擺正了自己的位置，認清了自己，那麼我們也能藉由努力用彩筆繪一幅屬於自己的藍圖，也能讓我們在藍天展翅高飛。

## 3、消除憂慮的「萬能公式」

這套公式曾使一個帶著棺材航行的垂死病人體重增加了二十公斤。

你是否想得到一個迅速而有效的清除憂慮的辦法？也就是看上幾頁書就能馬上付諸實踐的方法？

如果你回答「是的」，那麼請看看威利．卡瑞爾發明的這個辦法。卡瑞爾是個聰明的工程師，他開創了空調製造行業，現在是世界著名的卡瑞爾公司的負責人。我們在紐約的工程師俱樂部共進午餐時，他親口告訴了我這個辦法。

「年輕的時候，」卡瑞爾先生說：「我在紐約州水牛城的水牛鋼鐵旗司做事。有一次我要去密蘇里州水晶城的匹茲堡玻璃公司的旗下工廠安裝瓦斯清洗器。這是一種新型機器，我們經過一番精心調試，克服了許多意想不到的困難，機器總算可以運行了，但性能沒有達到我們預期的指標。

我對自己的失敗深感驚詫，彷彿挨了當頭一棒，竟然犯了肚子痛，好長時間沒法睡覺。

最後，我覺得憂慮並不能解決問題，便琢磨出一個辦法，結果非常有效，這個辦法我一用就是三十年，其實很簡單，任何人都可以使用。其中有三個步驟：

**第一步，我坦然地分析我面對的最壞的結局，如果失敗的話，老闆會損失**

**二萬美元，我很可能會丟掉差事，但沒人會把我關起來或槍斃掉，這是肯定的。**

**第二步，我鼓勵自己接受這個最壞的結果。我告誡自己，我的歷史上會出現一個污點，但我還可能找到新的工作。至於我的老闆，兩萬美元還付得起，權作交了學費。**

**接受了最壞的結果以後，我反而輕鬆下來了，感受到許多天來不曾有過的平靜。**

**第三步。我就開始把自己的時間和精力投入到改善最壞結果的努力中去。**

我盡量想一些補救辦法，減少損失的數目，經過幾次試驗，我發現如果再用五千元買些輔助設備，問題就可以解決。果然，這樣做了以後，公司不但沒損失那兩萬美元，反而賺了一萬五千元。

如果我當時一直擔心下去的話，恐怕再也不可能做到這一點了。憂慮的最大壞處。就是會毀掉一個人的能力，憂慮使人思維混亂。當我們強迫自己接受最壞的結局時，我們就能把自己放在一個可以集中精力解決問題的地位。

這件事發生在很久以前，由於那種辦法十分有效，我多年來一直使用它。

結果，我的生活裡幾乎很難再有煩惱了。」

為什麼卡瑞爾的辦法這麼有實用價值呢，從心理學上講，它能夠把我們從那個灰色雲層中拉下來，使我們的雙腳穩穩地站在地面。假如我們腳下沒有結實的土地，又怎麼能把事情做好呢？

應用心理學之父威廉·詹姆斯教授已經去世三十八年了，假如他還活著，聽說了這個公式也一定會深為讚賞的，因為他曾說過：「能接受既成事實，是克服隨之而來的任何不幸的第一步。」

**林語堂在他那本深受歡迎的《生活的藝術》裡也說過同樣的話。這位中國哲學家說：「心理上的平靜能頂住最壞的境遇，能讓你煥發新的活力。」**

這話太對了。接受了最壞的結果後。我們就不會再損失什麼了。這就意味著失去的一切都有希望回來了。

可是生活中還有成千上萬的人因為憤怒而毀了生活，因為他們拒絕接受最壞的境況，不肯從災難中盡可能地救出點東西。他們不但不重新構築自己的大廈、反而成了憂鬱症的犧牲者。

你是否願意看看其他人對卡瑞爾公式的運用實例？下面這個例子是我班上

的一名學生，目前他是紐約的油商。

「我被敲詐了！」他說。「我不相信會有這種事，簡直是電影裡的鏡頭！事情是這樣的，我主管的石油公司裡有些運油司機把應該給顧客的定量油偷偷克扣下來賣掉。一天，一個自稱是政府調查員的人來找我，向我要紅包。他說他掌握了我們運貨員舞弊的證據。他威脅說，如果我不答應的話，他就把證據轉交給地方檢查官，這時我才知道公司存在這種非法的買賣。

當然這與我個人沒有什麼關係，但我知道法律有規定，公司必須為自己員工的行為負責。而且，萬一案子打到法院，上了報，這種壞名聲就會毀了我的生意。我為自己的生意驕傲——那是父親在二十四年前打下的基礎。

當時我急得生了病，整整三天三夜吃不下睡不著。我一直在這件事裡打轉轉。我是該付那筆錢——五千美金——還是該對那個人說，你想怎麼辦就怎麼辦吧。我一直拿不定主意，每天都做惡夢。

星期天晚上。我隨手拿起一本《怎樣不再憂慮》，這是我去聽卡耐基公開講演時拿到的。我讀到威利·卡瑞爾的故事時看到這一句話：『面對最壞的情況。』於是我向自己提問：『如果我不給錢，那些勒索者把證據交給地檢處的話，可能發生的最壞情況是什麼呢？』

答案是：『毀了我的生意』—僅此而已。我不會被抓起來，僅僅是我被這件事毀了。

於是，我對自己說：『好了，生意即使毀了，如果我在心理上可以承受這一點，接下去又會怎麼樣呢？』

嗯，生意毀掉之後，也許我得另找個工作。這也不難，我對石油行業很熟悉—幾家大公司也許會雇用我……我開始感覺好過多了。三天三夜來的那種憂慮也開始逐漸消散。我的情緒基本穩定下來，當然也能開始思考了。

我清醒地看到了下一步—改善不利的處境。我思考解決辦法的時候，一個嶄新的局面展現在我的面前。如果我把整個情況告訴我的律師，他也許能找到一條我沒有想到的新路。我過去一直沒有想到這一點，這完全是因為我只是一直在擔心而沒有好好的思考。我立即打定主意—第二天一早就去見我的律師—接著我上了床。睡得安安穩穩。

第二天早上，我的律師讓我去見地方檢察官，把整個情況全部告訴他。我照他的話做了，當我說出原委後，出乎意料地聽到地方檢察官說，這種勒索已經連續幾個月了，那個自稱是『政府官員』的人，其實是個警方的通輯犯。在我為無法決定是否該把五千元美元交給那個職業罪犯而擔心了三天三夜之後，聽到他這番話，真是大大地鬆了口氣。

**這次經歷給我上了終身難忘的一課。現在，每當我面臨會使我憂慮的難題時，『威利・卡瑞爾的老公式』就會派上用場。」**

住在麻省曼徹斯特市溫吉梅爾大街五十二號的艾爾・漢里一九四八年十一月十七日在波斯頓史蒂拉大飯店親口告訴我關於他自己的故事：

在二〇年代，我因常常憂愁得了胃潰瘍。一天晚上，我的胃出血了，被送到芝加哥西比大學的醫學院附屬醫院，體重也從一百七十磅降到了九十磅。我的病非常嚴重，以致於醫生連頭都不許我抬，醫生們認為我的病是無可救藥了。我只能吃蘇打粉，每小時吃一匙半流質的東西。每天早晚護士都用一條橡皮管插進我的胃裡，把裡面的東西洗出來。

這種情況持續了幾個月……最後，我對自己說：『你睡吧，漢里。如果你除了等死之外沒有什麼其他的指望的話，不如充分利用利用你餘下的生命。你一直想在你死之前周遊世界，如果你還想完成這個心願的話，只有現在就去做了。

當我告訴那幾位醫生我要去周遊世界的時候。他們大吃一驚。這是不可能的，他們警告說，如果我去周遊世界，我就只有葬在海裡了。『不，不會的』，我說。『我已經答應過我的親友，我要葬在雷斯卡州我們老家的墓園裡，所以我打算隨身帶著棺材。』

我買了一具棺材，把它運上船，然後和輪船公司商定，萬一我死了，就把我的屍體放在冷凍倉中，直到回到我的老家。我踏上了旅程，心裡默念著奧玲凱立的那首詩：

啊，在我們零落為泥之前，
豈能辜負這一生的娛歡？
物化為泥，永寐於黃泉之下，
沒酒，沒弦，沒歌伎、而且沒有明天。

我從洛杉磯登上亞當斯總統號向東方航行時，已經感覺好多了。漸漸地，我不再吃藥，也不再洗胃了。不久之後。任何食物我都能吃了。——甚至包括許多奇特的當地食品和調味品，這些都是別人說我吃了一定會送命的東西。幾個星期過去了，我甚至可以抽長長的黑雪茄，喝幾杯老酒。多年來我從未這樣享受過。我們在印度洋上碰到季風，在太平洋上遇到颱風，可我卻從這次冒險中，得到了很大的樂趣。

我在船上玩遊戲、唱歌、交新朋友，晚上聊到半夜。到了中國和印度之後，我發覺自己回去後要料理的私事，與在東方看到的貧困和飢餓相比，真是天壤之別。我拋棄了所有無聊的憂慮，覺得非常舒服。回到美國後，我的體重增加了九十磅，幾乎完全忘記我曾患過胃潰瘍，一生中我從未感到這麼舒服、健康。

艾爾·漢里告訴我，他發覺自己在潛意識中運用了威利·卡瑞爾克服憂慮的辦法。

首先，我問自己：『可能發生的最壞情況是什麼？』答案是：『死亡。』

第二，我讓自己準備好迎接死亡。我不得不這樣，因為我別無選擇，幾個醫生都說我沒有希望了。

第三，我想方設法改善這種狀況。辦法是：『盡量享受剩下的這一點點時間』……」

他繼續說：

如果我上船後繼續憂慮下去，毫無疑問我會躺在棺材裡結束這次旅行。可是，我完全放鬆，忘記所有的煩惱，而這種心理平衡，使我產生了新的活力，拯救了我的生命。

所以，第二條規則是：如果你有憂慮，就應用威利・卡瑞爾的萬靈公式，做下面三件事：

①問你自己：「可能發生的最壞情況是什麼？」

②如果你不得不如此，你就做好準備迎接它。

③鎮定地想方設法改善最壞的情況。

## 二 分析憂慮的方法

### 1、解開憂慮之謎

如果我們把憂慮的時間用來分析和看清事實，那麼憂慮就會在我們智慧的光芒下消失。前面提到的威利．卡瑞爾的萬能公式，能否解決所有令你憂慮的問題呢？當然不可能。

那麼應該怎麼辦呢，答案是：我們一定要掌握以下三個分析問題的基本步驟，來解決各種不同的困難。這三個步驟是：

①**看清事實。**

②**分析事實。**

③**作出決定——然後照辦。**

太簡單了吧？不錯，這是亞里斯多德教的，他也使用過。我們如果想解決那些逼迫我們，使我們像日夜生活在地獄一般的憂慮問題，我們就必須運用它。

我們先來看第一條：看清事實。看清事實為什麼如此重要呢？因為除非我們能把事實看清楚，否則就不能很聰明地解決問題。看不清事實，我們就只能在混亂中摸索，這是已故的哥倫比亞大學、哥倫比亞學院院長郝伯特·赫基斯所說的，他曾協助過二十萬個學生消除憂慮。他告訴我說：「混亂是產生憂慮的主要原因。」他說，世界上的憂慮，大多數是因為人們沒有足夠的知識作出決定而產生的。「比如說，我有一個問題必須在下星期二以前解決，那麼在下星期二之前，我根本不會試圖作出什麼決定。在這段時間裡，我只是集中精力去尋找有關這個問題的所有事實，因此我不會憂慮，不會失眠。等到星期二，如果我已經看清了所有的事實，一般說來，問題本身就會迎刃而解了。」

我問赫基斯院長，這是否表明他已完全擺脫憂慮？他說：「是的，我想我現在生活裡完全沒有憂慮。我發覺，一個人如果能夠把他所有的時間都花在以一種很超然、很客觀的態度去看清事實，他的憂慮就會在他知識的光芒下消失得無影無蹤」

可是我們大多數人會怎樣做呢？如果我們一直假定二加二等於五，那不是連做一道二年級的算術題也有困難了嗎？可是事實上世界上有很多很多人，硬是堅持說二加二等於五—或者是等於五百—害得自己和別人的日子都很不好過。

對此，我們能怎麼辦呢？我們得把感情成分擯棄於思想之外，就像郝基斯院長所說的，我們必須以「超然、客觀」的態度去認清事實。人們憂慮的時候，往往情緒激動。不過，我找到兩個辦法有助於我們以清晰客觀的態度看清所有的事實：

在收集事實時，我假裝不是在為自己，而是在為別人。這樣就可以保持冷靜而超然的態度，也可以幫助自己控制情緒。

在收集造成憂慮的各種事實時，我也收集對自己不利的事實—那些有損我的希望，和我不願意面對的事實。

然後我把這一邊和另外一邊的所有事實都寫出來—而真理就在這兩端的中間。

這就是我要說明的要點；如果不先看清事實的話，你、我、愛因斯坦，甚至美國最高法院，也無法對任何問題做出很聰明的決定。愛迪生很清楚這一點，他死後留下了二千五百本筆記本，裡面記滿了他面臨各種問題的事實。

所以，解決我們問題的第一個辦法是：看清事實。在沒有以客觀態度收集全部事實之前，不要先考慮如何解決問題。

不過，即使把全世界所有的事實都收集起來，如果不加以分析，對我們也沒有絲毫好處。

根據我個人的體會，先把所有的事實寫下來，再做分析，事情就會容易得多。實際上，單是在紙上把問題明明白白地寫出來，就可能有助於我們做出一個合理的決定。正如查理斯·吉特林所說的：「只要能把問題講清楚，問題就已經解決了一半。」

就拿格蘭·里區菲來說—他是一個在遠東地區非常成功的美國商人。一九四二年，日軍入侵上海，里區菲先生正在中國。他告訴我說：

日軍轟炸珍珠港後不久就佔領了上海，我當時是上海亞州人壽保險公司的經理。日軍派來一個所謂『軍方的清算員』—實際上他是個海軍上將—命令我協助他清算我們的財產。我一點辦法也沒有，要麼就和他們合作，要麼就是死路一條。

我開始遵命行事，因為我別無它法。不過有一筆大約七十五萬美元的保險費，我沒有填在那張要交出去的清單上，因為這筆錢用於我們的香港公司，跟上海公司的資產無關。不過，我還是怕萬一日本人發現此事，我的處境會非常不利，他們果然很快就發現了。

他們發現時我不在辦公室，我的會計主任在場，他告訴我說，那個日本海軍上將大發脾氣，拍桌子罵人，說我是個強盜，是個叛徒，說我侮辱了日本皇軍。我知道這是什麼意思，我知道我會被他們抓進憲兵隊去。

憲兵隊，就是日本秘密警察的行刑室。我有幾個朋友就是寧願自殺也不願意被送到那個地方去。有些朋友在那裡被審訊了十天，受盡苦刑，慘死在那個地方。現在我自己也要進憲兵隊了。

星期天下午聽到這個消息後，我非常緊張。多年來，每當我擔心的時候，總坐在打字機前，打下兩個問題及其答案。兩個問題是：

我擔心的是什麼？

我該怎麼辦？

過去我都不把答案寫下來，只在心裡琢磨。後來我發現同時把問題和答案都寫下來。能使思維更加清晰。所以，在那個星期天下午，我直接回到上海基督教青年會的住處，取出我的打字機，打下：

我擔心的是什麼？

我怕明天早上會被關進憲兵隊裡。

我該怎麼辦呢？

我花了幾個小時想著這個問題，寫下了四種可能採取的行動以及後果。

我可以去向日本海軍上將解釋。可是他『不懂英文』，如果找個翻譯來跟他解釋，會使他更加惱火，我就只有死路一條了。

我可以逃走。這點是不可能的，他們一直在監視我，如果打算逃走的話，很可能被他們抓住而槍斃掉。

我可以留在我的房間裡不再去上班。但如果我這樣做，那個海軍上將很可能會起疑心，也許會派兵來抓我，根本不給我說話的機會就把我關進憲兵隊了。

星期一早上，我照常上班。那個海軍上將可能正在忙著，忘掉了那件事。即使他還記得，也可能已經冷靜下來，不再找麻煩。即使他來，我仍然還有個機會解釋。

我前思後想，決定採取第四個辦法—像平常一樣，星期一早上去上班，然後，我鬆了口氣。

第二天早上我走進辦公室時，那個日本海軍上將就坐在那裡，叨根香菸，像平常一樣地看了我一眼，什麼話也沒說。六個星期後他被調回東京，我的憂慮就此告終。

這完全歸功於那個星期天下午我坐下來寫出各種不同的情況及其後果，然後鎮定地做出決定。如果我當時遲疑不決、心亂如麻，就會在緊要關頭走錯一步。光是滿面驚慌和愁容就可能引起那個日本海軍上將的疑心，促使他採取行動。

採取以下四個步驟，就能消除我百分之九十的憂慮：

①清楚地寫下我所擔心的是什麼？

②寫下我可以怎麼辦。

③決定該怎麼辦。

④馬上就照決定去做。

格蘭·里區菲誠懇地告訴我：他的成功應歸功於這種分析憂慮、正視憂慮的方法。

他的方法為什麼這麼好呢？因為它有效而又直攻問題的核心。而最重要的是第三步，也是最不可缺少的一步。決定該怎麼做，除非我們能夠立即採取行動，否則我們收集事實和加強分析都失去了作用—變得純粹是一種精力的浪費。

威廉．詹姆斯說：「一旦作出決定，當天就要付諸實施，同時要完全不理會責任問題，也不必關心後果。」（在這種情況下，他無疑把「關心」當作是「焦慮」的同義詞。）他的意思是，一旦你以事實為基礎，作出一個很謹慎的決定，就立即付諸行動，不要停下來再重新考慮，不要遲疑、擔憂和猶豫，不要懷疑自己，不要回頭看。

我問一位奧克拉荷馬州最成功的石油商人懷特．菲利浦，如何把決心付諸行動。他回答說：「我發現，如果超過某種限度之後，還一直不停地思考問題的話，一定會造成混亂和憂慮。當調查和多加思考對我們並無益的時候，也就是我們該下決心、付諸行動、不再回頭的時候。」

你何不馬上利用格蘭．里區菲的方法來解除你的憂慮呢？

第一個問題——我擔憂的是什麼？
第二個問題——我能怎麼辦？
第三個問題——我決定怎麼做？
第四個問題——我什麼時候開始做？

## 2、如何減少工作上的憂慮

我們常花一、兩個小時開會討論問題，卻沒有人明白真正的問題是什麼。如果你是個生意人，也許會認為：「這個標題真荒謬，我做這行已經十幾年了，居然有人想要告訴我怎麼消除生意上百分之五十的麻煩——簡直是荒謬絕倫。」

這話一點也不錯。如果我在幾年前看到這樣的標題，也會有這樣的感覺。這個標題好像能幫助你，實則不值一文。

讓我們開誠佈公吧。也許我的確不能幫你解決生意上百分之五十的憂慮，從我剛才分析的結果來看，除了你自己，沒有人能做到這一點。可是，我所能做到的是，讓你看看別人是怎樣做的，剩下的就要看你了。

前面曾經提過世界著名的亞力西斯・柯瑞爾博士的這句話，「不知道怎樣克服憂慮的人，都會短命。」

既然憂慮的後果如此嚴重，那麼，如果我能幫助你消除──即使是其中的百分之十，你也許會滿意。我下面就要告訴你一位企業家，如何消除他百分之五十的憂慮，還節省了百分之七十過去用於開會、用於解決生意問題的時間。

當然，我不會告訴你那些根本無法證實的事情，這件事情的主角是一個活生生的人──里昂・胥孟津。多年來，他一直是西蒙出版社幾個高層單位的主管之一，現任紐約州紐約市袖珍圖書公司的董事長。

下面就是他的經驗：

十五年來，我幾乎每天都要花一半的時間開會和討論問題。會上大家很緊張，坐立不安、走來走去，彼此辯論、繞圈子，一天下來我感到筋疲力盡。如果有人對我說我可以減去開會時間的四分之三，可以消除四分之三的神經緊

張，我一定會認為他是癡人說夢。可是我卻制定出一個恰好能做到這一點的方案，這個辦法我已經用了八年，對我的辦事效率、我的健康和我的快樂，都有意想不到的好處。

下面就是我的秘訣：第一、我立即停止十五年來我們會議中所使用的程序—我那些很惱火的同事先把問題的細節報告一遍，然後再問：『我們該怎麼辦？』第二、我訂下一個新的規矩—任何一個想要把問題告訴我的人必須先準備好一份書面報告，回答以下四個問題：

**①究竟出了什麼問題？**

（『以前我們常常花上一、兩個小時，還沒人弄清楚真正的問題在哪裡。』）

**②問題的起因是什麼？**

（『我吃驚地發現我浪費了很多時間。卻沒能清楚地找出造成問題的基本情況是什麼。』）

**③這些問題可能有哪些解決辦法？**

（『過去會上一個人建議採用一種方法，另一個人會跟他辯論，辯論常常跑題，開完會也拿不出幾種辦法。』）

**④你建議用哪種辦法？**

（「過去開會總是花幾個小時為一種情況擔心，不斷地繞圈子，從未想過所有可行的方法，然後寫下來：這是我建議的解決方案。』）

現在，我的部下很少把問題提出來了。因為他們發現，在認真地回答了上述四個問題之後，最妥當的方案就會像麵包從烤箱中自動跳出來一樣。即使非討論不可，所花時間也不過是過去的三分之一，因為討論的過程有條理而且合乎邏輯，最後都能得到很明智的結論。

法蘭克·畢吉爾，這位美國保險業的鉅子，運用類似方法，不僅消除了煩惱，而且增加了收入。他敢說，

我剛開始推銷保險的時候，對自己的工作充滿了熱情。後來發生了一點事，使我非常氣餒。我開始看不起我的職業，幾乎都要辭職了——可是我突然想到一件事，在一個星期六的早晨，我坐下來，想找出我憂慮的根源。

**①我首先問自己：『問題到底是什麼？』我的問題：我拜訪過那麼多人，成績卻不理想。我和顧客談得好好的，可最後快要成交時，他們就對我說：**

『我再考慮考慮，下次來再說吧。』我又得花時間去找他，使我覺得很頹喪。

②我問自己：『有什麼可行的解決辦法？』回答之前，我當然得先研究一下過去的情況。我拿出過去十二月的記錄本，仔細看看上面的數字。我吃驚地發現，我所賣的保險、有百分之七十是在第一次見面成交的；另外有百分之二十三是在第二次見面成交的；只有百分之七，是在第三、第四、第五次……。才成交的。實際上，我的工作時間，幾乎有一半都浪費在那百分之七的業務上了。

③那麼答案是什麼呢？很明顯：我應該立刻停止第二次以後的拜訪，空出的時間用於尋找新的顧客。結果令人大吃一驚：在很短的時間內，我就把平均每次賺二·七元時成績：提高到了四·二七元。

法蘭克·畢吉爾現在每年接進的保險業務都在一百萬美元以上，可是他曾經想放棄他那份行業，幾乎就要承認失敗。結果呢，分析問題使他走上成功之路。

下面再列一下這幾個問題，看看你是否也能應用它們：

①問題是什麼？

②問題的成因是什麼？

③可能解決問題的方法有哪些？

④你建議用哪一種方法？

## 三 改掉憂慮的習慣

### 1、把憂慮從你的思想中趕走

在圖書館、實驗室從事研究工作的人、很少因憂慮而精神崩潰，因為他們沒有時間去享受這種「奢侈」。

我班上有個叫馬利安·道格拉斯的學生告訴我的，他家裡曾遭受過兩次不幸。第一次，他失去了五歲的女兒，一個他非常鍾愛的孩子。他和妻子都以為他們沒有辦法忍受這個打擊。更不幸的是，「十個月後，我們又有了另外一個女兒—而她僅僅活了五天」

這接二連三的打擊使人幾乎無法承受，這位父親告訴我們：

我睡不著，吃不下，無法休息或放鬆，精神受到致命的打擊，信心喪失殆盡，吃安眠藥和旅行都沒有用。我的身體好像被夾在一把大鉗子裡，而這把鉗子愈夾愈緊。

不過，感謝上帝，我還有一個四歲的兒子，他教給我們解決問題的方法。

一天下午，我呆坐在那裡為自己難過時，他問我：『爸，你能不能給我造一條船？』我實在沒興趣，可是這個小傢伙很纏人，我只得依著他。

造那條玩具船大約花費了我三個小時，等做好時我才發現，這三個小時是我許多天來第一次感到放鬆的時刻。

這一發現使我大夢方醒，使我幾個月來第一次有精神去思考。我明白了，如果你忙著做費腦筋的工作，你就很難再去憂慮了。對我來說，造船就把我的憂慮整個衝垮了，所以我決定使自己不斷地忙碌。

第二天晚上，我巡視了每個房間，把所有該做的事情列成一張單子。有好些小東西需要修理，比如說書架、樓梯、窗簾、門把、門鎖、漏水的龍頭等等。兩個星期內，我列出了二百四十二件需要做的事情。

從此，我使我的生活中充滿了啟發性的活動：每星期兩個晚上我到紐約市參加成人教育班，並參加了一些小鎮上的活動。現在任校董事會主席，還協助紅十字會和其他機構的募捐，我現在忙得簡直沒有時間去憂慮。」

沒有時間憂慮，這正是邱吉爾在戰事緊張到每天要工作十八個小時說的。當別人問他是不是為那麼重的責任而憂慮時，他說：「我太忙了，我沒有時間

憂慮。」

查理斯・柯特林在發明汽車自動點火器時也碰到這種情形。柯特林先生一直是通用公司的副總裁，負責世界知名的通用汽車研究公司，可是當年他卻窮得要用穀倉裡堆稻草的地方做實驗室。家裡的開銷全靠他妻子教鋼琴的一千五百美元酬金。我問他妻子在那段時間是否很憂慮，她說：「是的，我擔心得睡不著。可是柯特林先生一點也不擔心，他整天埋頭工作，沒有時間憂慮。」

**偉大的科學家巴斯特曾說：「在圖書館和實驗室能找到平靜。」因為在那裡，人們都埋頭工作，不會為自己擔憂。做研究工作的人很少有精神崩潰的，因為他們沒有時間來享受奢侈。**

心理學有一條最基本的定理：不論一個人多聰明，都不可能在同一時間內想一件以上的事情。如果你不相信，請靠坐在椅子上閉起雙眼，試著同時去想；自由女神和你明天早上準備做的事情。

你會發現你只能輪流想其中的一件事，而不能同時想兩件事情。你的情感也是如此。我們不可能既激動、熱誠地想去做一些很令人興奮的事情，又同時因為憂慮而拖延下來。一種感覺會把另一種感覺趕出去，這個簡單的發現，使軍隊的心理治療專家在戰爭中能創造這方面的奇蹟。

一些從戰場上退下來的人常患有「心理上的精神衰弱症」，軍醫就用「讓他們忙著」來治療。除睡覺外，每一分鐘都讓他們活動：釣魚、打獵、打球、拍照、種花以及跳舞等，根本不讓他們有時間去回想他們那些可怕的經歷。

「職業性的治療」是近代心理療法所用的名詞，也就是把工作當作治病的藥。這種方法在西元前五百年，古希臘的醫生就已經採用了。

富蘭克林時代，費城教友會也用這種辦法。在參觀了教友會的療養院後，發現那些精神病的病人正忙著紡紗織布非常吃驚，他認為病人在被迫勞動—後來教友會的向他解釋說，他們發現那些病人只有在工作時，病情才能真正有所好轉，因為工作能安定神經。

著名詩人享利・朗費羅年的妻子不幸由燒傷而去世後，他幾乎發瘋。幸好他有三個幼小的孩子需要他照料。父兼母職，他帶他們散步，給他們講故事，和他們一起嬉戲，並把他們父子間的感情永存在《孩子們的時間》一詩裡。他還翻譯了但丁《神曲》，忙碌使他重新得到了思想的平靜。就像班尼生在最好

的朋友亞瑟·哈蘭死的時候，曾經說過：「我一定要讓自己沉浸在工作裡，否則我就會因絕望而煩惱。」

我們不忙的時候，頭腦裡常常會成為真空。這時，憂慮、恐懼、憎恨、嫉妒和羨慕等情緒就會填充進來，進而把我們思想中平靜的、快樂的成份都趕出去。

對大多數人來說，在做日常工作、忙得團團轉的時候，「沉浸在工作中」大概不會有多大問題。可是，下班之後—就在我們能自由自在地享受悠閒和快樂的時候—憂慮的惡魔就會開始向我們進攻。這時候，我們常常開始想，我們的生活中有哪些成就，我們的工作有沒有上軌道，上司今天說的那句話是否有「特殊的含義」，或者，我們的頭髮是否開始禿了……

我們不忙的時候，頭腦裡常常出現真空狀態。每一個學物理的學生都知道，「自然界中沒有真空狀態」。一個白熱的燈泡一打破，空氣就立刻鑽進去，填上理論上說來是真空的那一塊空間。

你的頭腦空閒下來，也會有東西進去填空。是什麼呢？通常都是你消極的感覺，為什麼呢？因為憂慮、怕懼、憎恨、嫉妒和羨慕等等情緒，都是由我們的思想所控制的，它們會把我們思想中所有的平靜的、快樂的思想、情緒都趕出去。

**詹姆斯．馬竭爾是哥倫比亞師範學院教育學的教授，他在這方面說得很好：「憂慮最能傷害你的時候，不是在你有所行動的時候，而是在一天的工作結束以後。這時你的想像力開始混亂，使你把每一個小錯誤都加以誇大，你的思想就像一輛沒有裝貨的車子橫衝直撞，撞毀一切，直至把自己也撞成碎片。消除憂慮的最好辦法，就是讓自己忙著做任何有意義的事情。」**

不是大學教授的人也會明白這個道理。也能付諸實踐。第二次世界大戰時，我曾在大卡車上遇到了一對家住芝加哥的夫婦，他們告訴我，他們的兒子在珍珠港事變的第二天參加了陸軍，那位夫人因為每天擔心兒子的生命安全，幾乎到了損害自己身體健康的地步。

我問她，後來是怎麼克服憂慮的呢？她回答說：「我讓自己忙著。」最初她把女傭辭退，想讓自己忙家務，可沒什麼效果。「原因是，我做家務時基本上是機械化的，完全不用腦子。所以當我鋪床、洗碟子的時候還是一直擔憂著。我發覺自己需要一個新的工作，使我在每天的每一個小時都讓整個身心忙碌不停，於是我到一個大百貨公司去做售貨員。」

「這下好了，」她說。「顧客擠在我四周，問我價錢、尺寸、顏色等問題，沒有一秒鐘能讓我去想工作以外的事情。晚上，我只想如何才能讓雙腳休息一下。每天吃完晚飯後，我倒頭便睡，既沒有時間，也沒有體力再去憂慮。」

**約翰．考伯爾．伯斯在《忘記不快的藝術》一書中說：「舒適的安全感、內在的寧靜，和困快樂而反應遲鈍的感覺。都能使人類在專心工作時，精神鎮靜。」**

世界最著名的女冒險家奧莎．強生十五歲結婚，十五年來，與丈夫一起周遊世界各地，拍攝亞洲和非洲逐漸絕跡的野生動物的影片。九年前他們回到美國，到處做旅行演講，放映他們那些有名的電影。他們在飛往西岸時，飛機撞了山，她的丈夫當場身亡，醫生們說她永遠不能再下床了。可是，三個月之後，她卻坐著輪椅發表演講。當我問她為什麼這樣做的時候，她說：「我之所以這樣做，是讓我沒有時間再去悲傷和擔憂。」

海軍上將拜德在覆蓋著冰雪的南極小茅屋裡單獨住了五個月，方圓百里之內，沒有任何一種生物存在。氣候寒冷，連他的呼氣都被凍住了。在《孤寂》一書中，他敘述了在既難熬又可怕的黑暗裡所過的那五個月的生活，他必須忙個不停才不至於發瘋。

他說：「晚上熄燈之前，我就安排好第二天的工作。比如：一個小時去檢查逃生子的隧道，半個小時去挖坑，兩個小時去修拖人用的雪橇……」「能把時間分開安排，是非常有益的。它使我產生一種可以主宰自我的感覺，否則，日子就會過得沒有目的。而沒有目的；這些日子就會像以前孤單的生活一樣，最後會分崩離析。」

已故的原哈佛大學醫學院教授理查．柯波特在他的《生活的條件》中指出：「作為大夫，我很高興看到工作可以治癒病人。」他所指的，是由於過分恐懼、遲疑、躊躇所帶來的病症，而工作能帶給人們勇氣。

要是我們不能一直忙著，而是坐著憂愁，我們就會產生一大堆達爾文稱之為「胡思亂想」的東西，而這些「胡思亂想」就像傳說中的妖精，會掏空我們的思想，摧毀我們的意志。

我認識紐約的一個企業家，他用忙碌來趕走那些「胡思亂想」，使自己沒

有時間去煩惱和憂慮。他叫屈伯爾・郎曼，也是我成人教育班的學生。他征服憂慮的經歷非常有意思，也非常特殊。所以，下課之後，我請他和我一起去吃宵夜，我們在一家餐廳中坐到深夜，談著他的那些經歷。下面就是他告訴我的一個故事：

十八年前，我因憂慮過度而患失眠症。當時我精神非常緊張。脾氣暴躁，而且很不穩定，我覺得我快要精神分裂了。

我如此憂慮是有原因的。我當時是紐約皇冠水果製品公司的財務經理，我們投資了五十萬美元，把草莓包裝在一加侖裝的罐子裡。二十年來，我們一直把這種一加侖裝的草莓賣給製造霜淇淋的廠商。後來有段時間，我們的銷售量大跌，因為那些大的霜淇淋製造商，像國家乳製品公司之類的，產量急劇增加，為了節省開支和時間，降低成本，他們都買三十六加侖一桶的桶裝草莓。

我們不僅無法銷售五十萬美元的草莓，而且根據合約規定，在今後的一年之內，我們還必須繼續購買價值一百萬美元的草莓。我們已經向銀行借了三十五萬美元，現在，既無法還清借債，也無法籌集到需要的款項，所以，我非常憂慮。

我趕到我們在加利福尼亞州華生維里的工廠裡，想要讓我們的總經理知道情況有所改變，我們可能面臨毀滅的命運。但他不肯相信，卻把這些問題的全部責任都歸罪於紐約的公司──那些可憐的業務人員身上。

經過幾天的請求之後，我終於說服他不再按舊的方式包裝草莓，而把新的製品放到舊金山的新鮮草莓市場上賣，這樣做才能大致解決我們大部分問題。按說我不再該再憂慮了，可是，我仍然無法做到這一點。憂慮是一種習慣，而我已染上了這種習慣。

回到紐約之後，我又開始為每一件事擔憂。對在義大利購買的櫻桃、在夏威夷購買的鳳梨等等，我都非常緊張不安，睡不著覺。就像我剛剛說過的那樣，我簡直就快要精神崩潰了。

在絕望中，我換了一種嶄新的生活方式，從而治好了我失眠症，也使我不再憂慮。我盡量使自己忙碌，忙到我必須付出所有的精力和時間，以致沒有時間去憂慮。過去，我每天工作七個小時，現在我開始每天工作十五到十六個小時。我每天清晨八點鐘就到辦公室，一直待到半夜。我承擔新的任務，負起新的責任。等我半夜回到家的時候，總是筋疲力盡地倒在床，很快便進入夢鄉。

這樣過了差不多有三個月，我終於改掉憂慮的習慣，又重新回到每天工作七到八個小時的正常情形。這件事情發生在十八年前，從那以後，我就沒有再失眠和憂慮過。」

**蕭伯納說得很好，他說：「讓人愁苦的秘訣就是，有閒置時間來想想自己到底快活不快活。」所以不必去想它，讓自己忙碌起來，你的血液就會開始流動，你的思想就會開始變得敏銳——讓自己一直忙著，這是世界上最便宜的一種藥，也是最好的一種。**

要改掉你憂慮的習慣，第一條規則就是：

「讓自己不停地忙著。憂慮的人一定要讓自己沉浸在工作裡，否則只有在絕望中掙扎。」

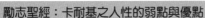

## 2、不要讓小事使你垂頭喪氣

人活在世上只有短短幾十年，卻浪費了很多時間，去憂愁一些一年之內就會忘了的小事。

給你講一個最富戲劇性的故事，主人公叫羅勃·莫爾。

一九四五年三月，我在中南半島附近二百七十六呎深的海下，學到了一生中最重要的一課。當時，我正在一艘潛水艇上。我們從雷達發現一支日軍艦隊——一艘驅逐護航艦，一艘油輪和一艘佈雷艦——朝我們這邊開來。我們發射了三枚魚雷，都沒有擊中。突然，那艘佈雷艦直朝我們開來。（一架日本飛機，把我們的位置用無線電通知了它。）我們潛到一五〇英尺深的地方，以免被它偵察到，同時作好應付深水炸彈的準備，還關閉了整個冷卻系統，和所有的發電機器。」

三分鐘後，天崩地裂，六枚深水炸彈在四周炸開，把我們直壓海底——二百七十六呎的地方。深水炸彈不停地投下，整整十五個小時，有十幾二十個就在離我們五十呎左右的地方爆炸——若深水炸彈距離潛水艇不到十七呎的話，潛艇就會炸出一個洞來。當時，我們奉命靜躺在自己的床上，保持鎮定。我嚇得無法呼吸，不停地對自己說：「這下死定了……」。潛水艇的溫度幾乎有華氏一百多度，可我卻怕得全身發冷，一陣陣冒冷汗。十五個小時後攻擊停止了，顯然那艘佈雷艦用光了所有的炸彈後開走了。這十五個小時，在我感覺好像有一千五百萬年。我過去的生活一一在眼前出現，我記起了作過的所有的壞事和曾經擔心過的一些很無聊的小事。我曾擔憂過，沒有錢買自己的房子，沒有錢買車，沒有錢給妻子買好衣服。下班回家，常常和妻子為一點芝麻小事吵架。我還為我額頭上一個小疤——一次車禍留下的傷痕——憂愁過。

這些多年之前曾經令人憂愁的事，在深水炸彈威脅生命時，顯得那麼荒謬、渺小。我對自己發誓，如果我還有機會再看到太陽和星星的話，我永遠不會再憂愁了。在這十五個小時裡，我從生活中學到的，比我在大學念四年書學到的還要多得多。」

我們一般都能很勇敢地面對生活中那些大的危機，卻常常被一些小事弄得垂頭喪氣。拜德先生也發覺了這一點。他手下的人能夠毫無怨言地從事危險而又艱苦的工作，「可是，我卻知道，有好幾個同辦公室的人彼此不說話，因為懷疑別人把東西放亂，占了自己的地方。有一個講究空腹進食細嚼健康法的傢伙，每口食物都要嚼二十八次，而另一人一定要找一個看不見這傢伙的位子坐著，才吃得下去飯。」

權威人士認為，「小事」如果發生在夫妻生活裡，還會造成「世界上半數的傷心怨偶」。芝加哥的約瑟夫·沙巴士法官，在仲裁過四萬多件不愉快的婚姻案件之後說到：「婚姻生活之所以不美滿，最基本的原因往往都是一些小事。

羅斯福夫人剛結婚時「每天都在擔心，因為她的新廚師做得很差」，可是如果事情發生在現在，「我就會聳聳肩膀把這事給忘了」。好極了，這才是一個成年人的做法。就連最專制的葉卡捷琳娜二世，對廚師做壞了飯，也只是付之一笑。

一次，我們到芝加哥一個朋友家吃飯，分菜時他有些小事沒有做好，大家都沒在意，可是他妻子卻馬上當著大家的面就跳起來指責他：「約翰，你怎麼搞的！難道你就永遠也學不會分菜嗎？」她又對大家說：「老是一錯再錯，一點也不用心。」也許他確實沒有做好，可我真佩服他能和他的妻子相處二十年之久。說心裡話，我寧願只吃一兩個抹上芥末的熱狗——只要能吃得舒服——也不願意一邊聽她囉嗦，一邊吃龍蝦。

不久，我和妻子邀請了幾個朋友來吃晚餐。客人快到時，妻子發現有三條餐巾和桌布顏色不配。她後來告訴我。「我發現另外三條餐巾送去洗了，客人已到門口，我急得差點哭了出來。我埋怨：為什麼會有這麼愚蠢的錯誤讓它毀了我整個一晚上。我突然想到，為什麼要毀了我呢？我走進去吃晚飯，決心享用一番。我情願讓朋友們認為我是一個比較懶散的家庭主婦，也不願意他們認為我是一個神經質的脾氣不好的女人。而且。據我所知，根本沒有一個人注意到那些餐巾。」

大家都知道：「法律不會去管那些小事。」人也不應該為這些小事憂愁。

實際上，要想克服一些小事引起的煩惱，只要把看法和重點轉移一下就可以了。——讓你有一個新的、開心點的看法。

我的朋友作家荷馬．克羅伊告訴我，過去他在寫作的時候，常常被紐約公寓熱水燈的響聲吵得快要發瘋了。「後來，有一次我和幾個朋友出去露營，當我聽到木柴燒得很旺時的響聲，我突然想到：這些聲音和熱水燈的響聲一樣，為什麼我會喜歡這個聲音而討厭那個聲音呢，回來後我告誡自己：「火堆裡木頭的爆裂聲很好聽，熱水燈的聲音也差不多。我完全可以蒙頭大睡，不去理會這些噪音。結果，頭幾天我還注意它的聲音，可不久我就完全忘記了它。

很多小憂慮也是如此。我們不喜歡一些小事，結果弄得整個人很沮喪。其實，我們都誇張了那些小事的重要性……」

狄士雷里說：「生命太短促了，不要再只顧小事了。」

「這些話，」安德列．摩瑞斯在《本周》雜誌中說：「曾經幫助我經歷了很多痛苦的事情。我們常常因一點小事，一些本該不屑一顧的小事，弄得心煩意亂……我們生活在這個世界上只有短短的幾十年，而我們浪費了很多不可能再補回來的時間，去為那些一年之內就會忘掉的小事憂愁。我們應該把我們的生活只用於值得做的行動和感覺上，去想偉大的思想，去體會真正的感情，去做必須做的事情。因為生命太短促了，不該再顧及那些小事。」

名人吉布林和他舅舅打了維爾蒙有史以來最有名的一場官司。吉布林娶了一個維爾蒙的女子，在布拉陀布造了一所漂亮房子，準備在那安度餘生。他的舅舅比提．巴里斯特成了他最好的朋友，他們倆一起工作，一起遊戲。

後來，吉布林從巴里斯特手裡買了一點地，事先商量好巴里斯特可以每季度在那塊地上割草。一天，巴里斯特發現布吉林在那片草地上開了一個花園，他生起氣來，暴跳如雷，吉布林也反唇相譏，弄得維爾蒙綠山上的天都黑了。

幾天後，吉布林騎自行車出去玩時，被巴里斯特的馬車撞在地上，這位曾經寫過「眾人皆醉，你應獨醒」的人也昏了頭，告了官，巴里斯特被抓了起來。接下來是一場很熱鬧的官司，結果使吉布林攜妻永遠離開了美國的家，而這一切，只不過為了一件很小的事——車和草。

哈瑞．愛默生．富斯狄克講過這樣一個故事：「在科羅拉多州長山的山坡上，躺著一棵大樹的殘軀。自然學家告訴我們，它曾經有過四十多年的歷史。在它漫長的生命裡，曾被閃電擊中過十四次、無數次狂風暴雨侵襲過它，它都能戰勝它們。但在最後，小隊甲蟲的攻擊使它永遠倒在地上。那些甲蟲從根部向裡咬，漸漸傷了樹的元氣，雖然它們很小，卻是持續不斷的攻擊。這樣一個森林中的巨樹，歲月不曾使它枯萎，閃電不曾將它擊倒，狂風暴雨不曾將它動搖，卻因一小隊用大拇指和食指就能捏死的小甲蟲，終於倒了下來。」

我們不都像森林中那棵身經百戰的大樹嗎，我們也經歷過生命中無數狂風暴雨和閃電的襲擊，也都撐過來了，可是卻讓憂慮的小甲蟲咬噬──那些用大拇指和食指就可以捏死的小甲蟲。

幾年前，我和懷俄明州公路局局長查理斯・西費德先生，以及其他朋友一起去參觀洛克斐勒在提頓國家公園中的一棟房子。我的車轉錯了一個彎，晚到了一個小時。西費德先生沒有鑰匙，所以他在那個又熱、又有好多蚊子的森林中等了整整一個小時。我們到的時候，在多得可以讓聖人發瘋的蚊子中，西費德先生正在吹一支由折下的白楊樹枝做成的小笛子，當作一個紀念品，紀念一個不在乎小事的人。

**我們每個人的一生都太短促了，不要讓自己因為一些應該丟開和忘掉的小事而煩惱。要在憂慮毀了你之前，改掉憂慮的習慣，記住千萬不要讓小事使你垂頭喪氣。**

## 3、為憂慮限定「到此為止」

如果我們以生活為代價，付給憂慮過多的話，我們就是傻子。

查理斯・羅勃茲是一個投資顧問，他告訴我說：

我剛從德克薩斯州到紐約來的時候，身上只有兩萬美元，是朋友托我到股票市場投資用的。原以為我對股票市場懂得很多，可是我賠得一分也不剩。若是我自己的錢，我倒可以不在乎，可是我覺得把朋友的錢都賠光了是件很糟糕的事，我很怕再見到他們。可沒想到，他們對這件事不僅看得很開，而且還樂觀到不可想像的地步。

我開始仔細研究我犯過的錯誤，下定決心要在再進股票市場前先學會必要的知識。於是，我和一位最成功的預測專家波頓・卡瑟斯交上了朋友。他多年來一直非常成功，而我知道，能有這樣一番事業的人，不可能只靠機遇和運氣。

他告訴我一個股票交易中最重要的原則：『我在市場上所買的股票，都有一個到此為止的限度，不能再賠的最低標準。例如，我買的是五十元一股的股票。我馬上規定不能再賠的最低標準是四十五元。』這也就是說，萬一股票跌價，跌到比買價低五元的時候，就立刻賣出去，這樣就可以把損失只限定在五元之內。

『如果你當初購買得很精明的話，你的賺頭可能平均在十元、二十五元、甚至於五十元。因此，在把你的損失限定在五元以後，即使你半數以上判斷錯誤，也還能讓你賺很多的錢。』

我馬上學會了這個辦法，它替我的顧客和我挽回了不知幾千幾萬元。

後來我發現，『到此為止』的原則在其他方面也很適用。我在每一件讓人憂慮和煩惱的事上，加一個『到此為止』的限制，結果簡直是太好了。

我常和一個很不守時的朋友共進午餐，他總是在午餐時間已過去大半以後才來。我告訴他，『以後等你「到此為止」的限制是十分鐘，要是你在十分鐘以後才到的話，咱們的午餐約會就算告吹—你來也找不到我。』

我真希望在很多年以前就學會了把這種限制用在我的缺乏耐心、我的脾氣、我的自我適應的欲望、我的悔恨和所有精神與情感的壓力上。常常告誡自

己：『這件事只值得擔這麼一點點心，不能再多了。』」

我在三十歲出頭的時候，決定以小說寫作為終生職業，想做哈代第二。我充滿信心，在歐洲住了兩年，寫出一本自認為的傑作—我把那本書題名為《大風雪》。這個題目取得真好，因為所有出版社對它的態度，都冷得像呼嘯著刮過德可塔州大平原上的大風雪一樣。當我的經紀人告訴我這部作品不值一文，說我沒有寫小說的天賦和才能的時候，我的心跳幾乎停止了，我發覺自己站在生命的十字路口上，必須做一個非常重大的決定。幾個星期之後，我才從這茫然中醒來。當時我還不知道「為你的憂慮訂下到此為止的限制」，但實際上做的正是這件事。我把費盡心血寫那本小說的兩年時間，看做一次寶貴的經驗，然後，「到此為止」。我重新操起組織和教授成人教育班的老本行；有空時就寫一些傳記和非小說類的書籍。

**一百年前的一個夜晚，梭羅用鵝毛筆蘸著他自己做的墨水，在日記中寫道：「一件事物的代價，也就是我稱之為生活的總值，需要當場交換，或在最後付出。」**

用另外一種方式說：如果我們以生活的一部分來付代價，而付得太多了的話，我們就是傻子。這也正是吉爾伯和蘇里文的悲劇，他們知道如何創作出歡快的歌詞和歌譜，可完全不知道如何在生活中尋找快樂；他們寫過很多使人非常喜歡的輕歌劇，可都無法控制自己的脾氣。蘇里文為他們的劇院買了一張新的地毯，吉爾伯看到帳單時大發雷霆，這件事甚至鬧到法院，從此兩人「老死不相往來」。蘇里文替新歌劇譜完曲後，就把它寄給吉爾伯，而吉爾伯填上詞後，再把它們寄回蘇里文。一次，他們必須一起到台上去謝幕，兩人就站在台的兩邊，分別向不同的方向鞠躬，這樣才可以不必看見對方。他們就不懂得在他們彼此的不快中，訂下一個「到此為止」的最低限度，而林肯卻做到了這一點。

美國南北戰爭時，林肯的幾位朋友攻擊他的一些敵人，林肯卻說：「你們對私人恩怨的感覺比我要多，也許我的這種感覺太少了吧。可是，我一向認為這很不值得，一個人實在沒有必要把他半輩子時間都花在爭吵上。如果那些人不再攻擊我，我也就不再記他們的仇了。」

我真希望伊蒂絲姑媽也有林肯這種寬恕精神。她和法蘭克姑父住在一個抵押出去的農莊上，那裡土質很差，灌溉不良、收成又不好，所以他們的日子過

得很緊，每分錢都要節省著用。可是，伊蒂絲姑媽都喜歡買一些窗簾和其他小東西來裝飾家裡，為此她常向一家小雜貨鋪賒帳。法蘭克姑父很注重信譽，不願意欠債，所以他悄悄告訴雜貨店老闆，不要再讓他妻子賒帳買東西。伊蒂絲姑媽聽說後大發脾氣。這事至今差不多有五十年了，她還在發脾氣，我曾經不止一次聽她說這件事。最後一次見到她時，她已經七十多快八十歲了，我對她說：「伊蒂絲姑媽，法蘭克姑父這樣羞辱你確實不對，可是難道你不覺得，你已經埋怨了半個世紀了，這比他所做的事還要糟糕嗎？」（結果我這話說了還是等於白說。）

伊蒂絲姑媽為她這些不快的記憶付也了昂貴的代價，付出了半個世紀自己內心的平靜。

富蘭克林小的時候，犯了一次七十年來一直沒有忘記的錯誤。他七歲時看中了一支哨子，他興奮地跑進玩具店，把所有的零錢放在櫃檯上，也不問價錢就把哨子買下了。七十年後他在給一個朋友的信中寫道：「後來，我跑到家，吹著這支哨子，在房間裡得意地轉著。」他的哥哥姐姐發現他買哨子多付了錢，都來取笑他，「我懊惱得痛苦了一場。」

富蘭克林在這個教訓裡學到的道理非常簡單：「長大後，我見識了人類許多行為，認識到，許多人買哨子都付出了太多的錢。簡而言之，我確信人類的苦難，相當一部分產生於他們對事物的價值做出了錯誤的估計，也就是，他們買哨子多付了錢。」

托爾斯泰娶了一個他非常鍾愛的女子，他們在一起非常快樂。可是，托爾斯泰的妻子天生嫉妒心很強，常常窺測他的行蹤，他們時常爭吵得不可開交。她甚至嫉妒自己親生的兒女，曾用槍把女兒的照片打了一個洞。她還在地板上打滾，拿著一瓶毒藥威脅說要自殺，嚇得她的孩子們躲在房間的角落裡直叫。

如果托爾斯泰跳起來，把傢俱砸爛，我倒不怪他，因為他有理由這樣生氣。可是他做的事比這個要壞得多，他記一本私人日記！這就是他的「哨」，在那裡。他努力要讓下一代原諒他，而把所有錯都推到他妻子身上。他妻子如何對付他呢？她當然是把他的日記撕下來燒掉。她自己也記了一本日記，把錯都推到托爾斯泰身上，她甚至還寫了一本小說，題目就叫《誰之錯》。在小說裡，她把丈夫描寫成一個破壞家庭的人，而她自己則是一個犧牲品。

結果，他們把唯一的家，變成了托爾斯泰自稱的「一座瘋人院」。這兩個

無聊的人為他們的「哨子」付出了巨大的代價，五十年的光陰都生活在一個可怕的地獄裡，只因為兩人中沒有一個有頭腦說「不要再吵了」；只因為兩人都沒有足夠的價值判斷力能夠說：「讓我們在這件事上馬上告一段落，我們是在浪費生命，讓我們現在就說『夠了』吧。」

不錯，我非常相信這是獲得內心平靜的秘訣之一——要有正確的價值觀念。

所以，要在憂慮毀了你之前，先改掉憂慮的習慣，第五條規則就是：

任何時候，我們想拿錢買東西或為生活付出代價，要先停下來，用下面三個問題問問自己：

**我現在正在擔心的問題，和我自己有何關聯？**

**在這件令我憂慮的事情上，我應在何處設置「到此為止」的最低限度——然後把它整個忘掉。**

**我到底該付這個「哨子」多少錢？我所付的是否已超過了它的價值？**

## 4、如何防止產生煩悶

你對工作感到厭煩嗎？為什麼不跟自己玩個「假裝」的遊戲，也許你會得到意想不到的結果。

產生疲勞的另一大原因是煩悶。

打字員愛麗絲小姐工作了一天之後傍晚才回到家中，她腰酸背痛，疲憊不堪，她不想吃飯，只想睡覺。正在這時，男朋友打來電話邀他去跳舞，頓時她的眼睛亮了，精神來了。她換上衣服，衝出門去，一直跳到凌晨三點才回來，這時她一點也不疲倦，正相反，她興奮得睡不著覺了。

看得出來，傍晚時分她覺得疲勞是工作讓她煩悶，使她對生活也產生厭煩。世界上這樣的人很多，你也許就是其中之一。

約瑟夫·巴馬克博士在《心理學學報》上有一篇報告，談到了他的一次實驗：

他安排一大群大學生參加一連串的實驗工作，這些工作都是他們不感興趣的。結果所有的學生都覺得疲倦、頭疼、眼睛疼，而且總打瞌睡、想發脾氣，甚至有幾個人胃不舒服。藉由給他們化驗得知，一個人煩悶的時候，他身體的血流速度和氧化作用會有所下降，而一旦人們覺得工作有趣的時候，其新陳代謝作用就會加速。

當我們在做一些很有樂趣，令人興奮的工作時，很少感到疲倦。

比如，我最近在加拿大洛磯山的路易士湖畔度假，釣了好幾天的鮭魚。我還要穿過長得比人高的樹叢，跨過很多橫臥在地上的橫枝，可是如此辛苦了八個小時之後，我卻絲毫不感到疲倦。為什麼呢？因為我非常興奮，興致勃勃，而且覺得自己真的不虛此行：釣到了六條很大的鮭魚。但是如果我覺得釣魚是一件很煩悶的事情，那你想我會有什麼感覺呢？我一定會因為在海拔七千呎的高山上這麼來來回回地奔波而感到筋疲力盡的。

即使像登山這類消耗體力的活動，恐怕也不如煩悶那樣容易使你疲勞。明尼那不勒斯農工儲蓄銀行的總裁金曼先生曾告訴過我一件事，正好可以證明這一點：

一九四三年七月，加拿大政府要求加拿大阿爾卑斯登山部協助威爾士軍團做山訓練，金曼先生就是被請來的教練之一。他和其他一些教練—年齡大約都在四十二歲到五十九歲之間—帶著那些年輕的士兵長途跋涉，越過很多冰河和雪地，再利用繩索和一些簡單的工具爬上四十呎的懸崖。他們在小月河山谷裡爬過許多高峰，經過十五個小時的登山活動之後，那些非常健壯的年輕人（他們剛剛受完六個星期的嚴格軍事訓練）全都筋疲力盡了。

他們感到疲勞，是否因為他們軍訓時肌肉練得不夠結實呢？任何一個接受過嚴格軍訓的人都會認為這種問題是荒謬的。他們之所以覺得疲勞，是因為他們對登山感到厭煩，許多士兵疲倦得等不到吃飯就睡著了。可是，那些比士兵年齡要大兩倍的教練們又怎麼樣呢？不錯，他們也感到很累，卻不會筋疲力盡，他們吃了晚飯後，還坐在那裡聊了個把鐘頭。他們之所以不會疲倦到倒下的地步，是因為他們對登山有興趣。

哥倫比亞大學的愛德華博士經過多次調查和實驗得出結論：「工作能量降低的真正原因是煩悶。」

**傑羅米·凱恩的音樂喜劇《畫舫璿宮》的主人公曾說過：「能做自己喜歡做的事情的人，是最幸運的人。」「這是因為他們體力更充沛，快樂更多，憂慮和疲勞都比較少。」**

你興趣所在的地方就是你能力所在的地方。

下面是一位打字小姐的例子：

她在奧克拉荷馬州托沙城的一個石油公司工作。每個月她都得做一件最沒意思的工作，填寫石油銷售報表。她為了提高工作情緒，就想出一個辦法，把它變成一項有趣的工作。

怎麼做呢？她每天跟自己競賽。她統計出上午列印的數量，然後爭取在下午打破記錄；再統計出第一天列印的總數，爭取在第二天打破記錄。這樣一來她的速度比別人快得多，而且有助於防止煩悶帶來的疲勞，她因此節省下了體力和精神，在休息對間也得到了更多的快樂。

我恰好知道這個故事是真實的，因為我就娶了那個女孩子。

下面是另一位打字小姐的故事。她發現，假裝工作很有意思會使人得到很多的報償。她叫維莉·哥頓，家住伊利諾州愛姆霍斯特城，她在信上講述了下面的故事：

我們辦公室一共有四位打字員，分別替幾個人打信件。我們經常因工作量太多而加班。有一天，一個副理堅持要我把一封長信重打一遍，我告訴他只要改一改就行，不需要全部重打。可是他對我說：如果我不重來他就另外雇人了。我氣得要死，為了這個職位和薪水，我只好假裝喜歡重新打這封信。做著做著，我發現如果我假裝喜歡工作，那我真的會喜歡到某種程度，而這時我的工作速度就加快，這種工作態度使我受到大家的好評。後來一位主管請我去做私人秘書，因為他瞭解我很願意做一些額外的工作而不抱怨。……心理狀態的轉變給我帶來了奇蹟。

哥頓小姐運用了漢斯·威辛吉教授的「假裝」哲學，他教我們要「假裝」快樂。

**如果你「假裝」對工作有興趣，這一點點假裝會使你的興趣變成真的，可以減少你的疲勞、憂慮和煩悶。**

幾年以前，哈西·霍華做了一個決定，結果使他的生活完全改觀，他把一個沒有意思的工作變得很有意思。他的工作確實沒意思，是在高中福利社裡洗盤子、擦櫃檯、賣霜淇淋，而其他男孩子卻在玩球或跟女孩子約會。

他很不喜歡這種工作，但他沒有別的工作可做，於是他決定利用這個機會來研究霜淇淋——研究霜淇淋是怎樣做成的，裡面有什麼成份，為什麼有的霜淇淋更好吃。

他研究霜淇淋的化學成分，使他成為他所在的高中化學課程的小天才。漸漸地，他對食物化學產生了濃厚的興趣。高中畢業後他考進了麻塞諸塞州立大學，專門研究食物與營養。有一次，紐約可可公司舉辦了關於可可和巧克力應用方面的有獎徵文活動，你猜是誰得了頭獎……一點不錯，正是哈西‧霍華。

後來他發現很難找到工作，就在麻塞諸塞州安荷斯特城北樂街七五〇號，他自己家的地下室開辦了一家私人化驗室。開業不久，當局頒布了一條新法案：牛奶所含細菌數目必須嚴格計數。於是，哈西‧霍華開始為安荷斯特城十四家牛奶公司數細菌，而且他必須再雇兩個助手。

二十五年以後會怎麼樣呢？當然，這幾位目前正從事食物化學實驗工作的先驅們大都已到了退休年齡，會有很多熱誠的青年人來接替他們。哈西‧霍華很可能成為這一行業裡的領袖人物，而當年從他手裡買過霜淇淋的一些同學，都可能窮困潦倒，失業在家，抱怨自己一直找不到好工作。其實，哈西‧霍華如果不是盡力把一件很沒意思的差事變得有意思，恐怕他也同樣沒有找到好工作的機會了。

也是在好多年似前，另一個年輕人在一家工廠做一件沒有太大意思的工作，他整天站在車床邊上加工螺絲釘，感到工作非常乏味。他想辭職，可是又怕找不到工作。

既然非得做這件沒意思的工作不可，那就讓這件工作變得有意思吧。他下了這樣的決心以後，就和旁邊的一個工人展開了產量競賽。他們的領班對他的生產速度和品質深為讚賞，不久就將他提升到一個較好的職位。當然，這只是一連串升遷的開始，最後，這位工人──山姆．瓦克南成了包爾溫機車製造公司的董事長。

如果他沒有設法把份內的工作變得有意思的話，那麼他也許一輩子只是一名工人。

著名的無線電新聞分析家卡騰堡，曾告訴我如何將一件毫無樂趣的工作變得很有趣：

他二十二歲那年，在一艘橫渡大西洋運牲畜的船上工作，為船上運載的牲口餵水和飼料。然後他騎著自行車周遊了全英國，接著到了法國。到達巴黎時他的積蓄花光了，只得把隨身帶著的照相機當了幾塊錢，在巴黎版的《紐約先

軀報》上登了一個求職廣告，找到了一份推銷立體觀測鏡的差事。

他不會說法語，但挨門挨戶地推銷了一年以後，他居然賺了五千美元的傭金，成了當年法國收入最高的推銷員。

他是怎樣創造奇蹟的呢？

起初，他請老闆用純正的法語把他應該說的話錄下來，然後背得滾瓜爛熟，他就這樣去按人家的門鈴。家庭主婦開門之後，他就開始背誦老闆教的推銷用語，他的帶美國口音的法語使人覺得很滑稽，他趁此機會遞上實物照片。如果對方問一些問題，他就聳聳肩說：「美國人……美國人」，同時摘下帽子，把藏在帽子裡的講稿指給人家看。那個家庭主婦當然會大笑起來，他也跟著大笑，然後再給對方看更多的照片。

當卡騰堡講述這些事情的對候，他很坦白地承認這種工作實在很不容易，他之所以能挺過去，就是靠著一個信念：他要把這個工作變得有樂趣。

每天早上出門之前，他都要對著鏡子裡的自己說：「卡騰堡，如果你要吃飯，就得做這件事。既然非做不可，那你何必不做得痛快一點呢？就假想你是一個演員，正站在舞台上，下面有很多觀眾正注視著你，你現在做的事就像演戲一樣，為何不高興點呢？」

卡騰堡告訴我，每天給自己打氣的這些話，有助於把一個他以前既恨又怕的工作變成他喜歡的事情，也讓他賺得了很高的利潤。

我問卡騰堡先生，是否可以給急於成功的美國青年一些忠告。他說：「可以，每天早晨跟自己打一個賭。我們常常覺得需要做一些運動，讓自己從半睡半醒狀態裡醒過來，但我們更需要一些精神和思想上的運動，使我們每天早上能夠真正地活動起來，每天早上給自己打打氣吧。」

每天早晨給自己打氣，是不是一件很傻、很膚淺、很孩子氣的事呢？不是的，這在心理學是非常重要的。

**一千八百年前，瑪律卡斯．艾呂斯在他的《沉思錄》書中寫道：「我們的生活，就是由我們的思想創造的。」**

這句話在今天也同樣是真理。

要不斷地提醒自己。

如果你在工作上得不到快樂的話，那你在別的地方也不可能找到，因為你一天的大部分清醒時間都花在工作上了。如果你經常給自己打氣，創造工作的興趣，那你就會把疲勞降到最低程度，這樣也許就會給你帶來升遷和發展。即使沒有這樣的好處，至少在減少了疲勞和憂慮之後，你可以更好地享受自己的閒暇時間。

## 5、不再為失眠而憂慮

如果你經常沒有辦法入睡，那是因為你「說」得讓自己得了失眠症。

如果你睡眠不好的話，那你一定很憂慮吧？然而你也許不知道，國際知名的大律師撒姆爾・安特梅爾一輩子沒有好好睡過一天。

他上大學時，最難受的是兩件事是：氣喘病和失眠症。他這兩種病都很嚴重，幾乎沒辦法治好。於是他決定退而求其次，失眠時不在床上翻來覆去，而是下床讀書。結果，他在班上每門功課成績都名列前茅，成了紐約市立大學的奇才。

他當了律師以後，失眠症仍困擾著他，但他一點也不憂慮。他說：「大自然會照顧我。」

事實真的如此，他雖然每天睡眠很少，健康狀況卻一直良好，他的工作成績超過了同事，因為別人睡覺的時候，他還是清醒的。

他在二十一歲的時候，年薪已高達七萬五千美元。一九三一年，他在一樁訴訟案中得到的酬金是歷史上律師收入的最高紀錄：一百美元。

但失眠症仍沒辦法擺脫。他晚上有一半時間用於閱讀，清晨五點就起床，當大多數人剛剛開始工作的時候，他一天的工作差不多已經做完一半了。

他一直活到八十一歲，一輩子卻難得有一天睡得很熟，但他沒有為失眠而焦慮煩躁，否則他這一輩子早就毀了。

我們的一生有三分之一花在睡眠上，可是沒人知道睡眠究竟是怎麼回事。我們只知道睡覺是一種習慣，是一種休息狀態。但我們不清楚每個人需要幾個小時的睡眠，更不清楚我們是不是非要睡覺不可。

也許難以令人置信，在第一次世界大戰期間，一個名叫保羅·柯恩的匈牙利士兵，腦前葉被子彈打穿，傷癒後，他再也無法睡眠，而且不覺得困倦。

所有的醫生都說他活不長了，但他卻證明醫生的話是錯的，他找到一份工作，健康生活了許多年，有時他會躺下閉目養神，卻從來不能進入夢鄉。他的病例是醫學史上的一個謎，也推翻了我們對睡眠的許多傳統看法。

睡眠時間可能因人而異。著名指揮家托斯卡尼尼每晚只睡五個小時，而柯立芝總統每天卻要睡十一小時。

為失眠而憂慮所產生的損害遠超過失眠本身。我的一個學生伊拉・桑德勒，就幾乎因為嚴重的失眠症而自殺。下面是他的故事：

最初我睡眠很好，鬧鐘都吵不醒，結果每天早上上班都遲到。老闆警告我，如果再睡過頭，就小心丟了差事。

我的一個朋友向我建議，在睡覺時把注意力集中到鬧鐘上，結果那該死的滴答滴答的聲音纏著我不放，讓我整夜睡不著，翻來覆去，焦躁不安。到了早晨，我幾乎不能動了，就這樣我一直受了兩個月的折磨，我想我一定會神經失常了。有時我會走來走去轉上幾個鐘頭，甚至想從窗口跳出去一死了之。

**最後我找了一位醫生，他說：「伊拉，我沒有辦法幫你的忙。如果每天晚上上床之後不能入睡，就對自己說：我才不在乎睡得著睡不著，就算醒著躺一**

**夜，那也能得到休息。」**

我照他的話去做，不到兩個星期就能安穩入睡了，不到一個月，我的睡眠就恢復了八小時，精神上也沒有痛苦了。

使伊拉．桑德勒受到折磨的不是失眠症，而是失眠引起的焦慮。

芝加哥大學教授山尼爾．克里特曼博士，是睡眠問題的專家。他說那些為失眠憂慮的人通常獲得的睡眠比自己想像的要多的多，那些指天發誓說「昨晚眼睛都沒閉一下」的人，實際上可能睡了幾個鐘頭。

舉例來說，十九世紀著名的思想家斯賓賽，到老年仍是獨身。他住在寄宿宿舍，整天都在談論自己的失眠問題，弄得別人煩得要命，他甚至在耳朵裡帶上耳塞來抵禦外面的吵鬧，有時甚至靠吃藥物來催眠。一天晚上，他和牛津大學教授塞斯同住旅館的一個房間，次日早晨斯賓塞說他整夜沒睡著，其實塞斯才一宿沒合眼，因為斯賓賽的鼾聲吵了他一夜。

要想安穩的睡一覺的第一個必要條件，就是要有安全感。大衛．哈羅．芬克博士曾寫過一本書，叫做《消除神經緊張》，提出和自己身體交談的方法。他認為，語言是一切催眠法的主要關鍵。如果你要從失眠狀態中解脫出來—你就對你身上的肌肉說：「放鬆，一切放鬆。」眾所周知，肌肉緊張時，你的思想和神經就不可能放鬆。所以，如果我們想要入睡的話，就必須從放鬆肌肉開始。然後，為了同樣的理由，把幾個小枕頭墊在手臂底下，使自己的下顎、眼睛、手臂和雙腿放鬆，我們就會在還不知道是怎麼回事之前就入睡了。

**另外一種治療失眠的有效方法，就是使你自己疲倦。**

**你可以去種花、游泳、打網球、打高爾夫球、滑雪，……這是名作家德萊塞的作法。他當年還是一個為生活掙扎的年輕作家時，也曾經為失眠憂慮過。於是，他到紐約中央鐵路去找了一份鐵路工人的工作，在做了一天打釘和鏟石子的工作之後，就疲倦得甚至於沒有辦法坐在那裡把晚飯吃完。**

假如我們十分疲倦的話，即使我們是在走路，本然也會強迫我們入睡。當一個人完全筋疲力盡之後，即使在打雷或戰爭的恐怖和危險之下，也能安然入睡。著名的神經科醫生佛斯特．甘乃迪博士告訴我說，一九一八年，英國第五軍撤退時，他就見過筋疲力盡的士兵隨地倒下，睡得就像昏過去一樣。雖然他用手撐開他們的眼皮，他們仍不會醒來，他們所有人的眼珠都在眼眶裡向上翻起。「從那以後，每當我睡不著的時候，就把我的眼珠翻成那個位置。我發現，不到幾秒鐘，我就會開始打哈欠，睡意沉重，這是一種我沒有辦法控制的自動反應。」

從來沒有一個人會用不睡覺來自殺。不論他有多強的控制力，本然都會強迫一個人入睡。我們可以長久不吃東西、不喝水，卻無法不睡覺。

亨利．林克博士是心理問題公司的副總裁，他曾經和很多憂慮而頹喪的人談過。在《人的再發現》一書中的〈消除恐懼與憂慮〉一章裡，他談到他曾對一個因為失眠而一心想自殺的人說：「反正你是要自殺的，那你至少也要像個英雄，繞著這條街跑到你累死為止吧」

他果然去試了，不只是一次，而且試了好幾次，每一次都使他覺得好受一些。到了第三天晚上，林克博士終於達到他最初想要達到的目的—這個病人由於身體疲勞（在肉體上也放鬆了）使他能睡得很沉。後來他參加了一個體育俱樂部，參加各種運動項目，不久就想要永遠活下去了。

所以，不為失眠而憂慮的四條規則：

**①如果你睡不著就起來工作或看書，直到你打瞌睡為止。**

②從來沒有人因缺乏睡眠而死，為失眠憂慮對你的損害，會比失眠更厲害。

③讓你全身放鬆，看一看《消除神經緊張》那本書。

④多運動，讓你因體力疲憊而無法保持清醒。

# 附錄：成功格言語錄

每一個成功者都有一個開始，勇於開始才能找到成功的路。

## ★附錄：成功格言

◆世界會向那些有目標和遠見的人讓路。

◆造物之前，必先造人。

◆與其臨淵羨魚，不如退

◆賺錢之道很多，但是找不到賺錢的方法，變成就不了大事業。

◆蟻穴雖小，潰之千里。

◆最有效的資本是我們的信譽，它二十四小時不停地為我們工作。

◆絆腳石乃是進身之階。

◆堯舜不易日月而興，桀？不易星辰而亡。

◆人是為本，天到為末。

◆你的臉是為了呈現上帝賜給人類最貴重的禮物……微笑，一定要成為你工作最偉大的資產。

◆以誠感人者，人亦誠而應。

◆世上並沒有用來鼓勵工作努力的賞賜，所有的賞賜都只是被用來獎勵工作成果的。

◆出門走好路，出口說好話，出手做好事。

◆旁觀者的姓名永遠爬不到比賽的計分板上。

◆銷售世界上最優秀的產品……不是汽車，而是自己。在你成功地把自己推銷給別人之前，你必須百分之百地把自己推銷給自己。

◆即使爬到最高的山上，一次也只能腳踏實地地邁一步。

◆積極思考造成積極人生，消極思考造成消極人生。

◆人之所以有一張嘴，而有兩隻耳朵，原因是聽的要比說的多一倍。

◆別想一下造出大海，必須先由小河川開始。

◆有事者，事竟成；破釜沉舟，百二秦關終歸楚；苦心人，天不負；臥薪嚐膽，三千越甲可吞吳。

◆當你感到悲哀痛苦時，最好是去學些什麼東西。學習會使你永遠立於不敗之地。

◆偉人所達到並保持著高處，並不是一蹴可及的，而是他們在同伴們都睡著的時候，一步步艱辛地向上攀爬的。

◆世界上那些最容易的事情中，拖延時間最不費力。

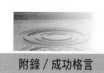

◆世界上沒有絕望的處境，只有對處境絕望的人。

◆迴避現實的人，未來將更不理想。

◆先知三日，富貴十年。

◆怠惰是貧窮的製造廠。

◆莫找藉口失敗，只找理由成功。（不為失敗找理由，要為成功找方法）。

◆如果我們想要更多的玫瑰花，就必須種植更多的玫瑰樹。

◆偉人之所以偉大，是因為他與別人共處逆境時，別人失去了信心，他卻下決心實現自己的目標。

◆堅韌是成功的一大要素，只要在門上敲得夠久、夠大聲，終會把人喚醒的。

◆夫婦一條心，泥土變黃金。

◆一個有信念者所開發出的力量，大於九十九個只有興趣者。

◆忍耐力較諸腦力，尤勝一籌。

◆環境不會改變，解決之道在於改變自己。

◆兩粒種子，一片森林。

◆每一發奮努力的背後，必有加倍的賞賜。

◆如果你希望成功，以恆心為良友，以經驗為參謀，以小心為兄弟，以希望為哨兵。

◆大多數人想要改造這個世界，但卻罕有人想要改造自己。

◆未曾失敗的人恐怕也未曾成功過。

◆人生偉業的建立，不在能知，乃在能行。

◆人之所以能，是相信能。

◆沒有口水與汗水，就沒有成功的淚水。

◆挫折其實就是邁向成功所應繳的學費。

◆任何的限制，都是從自己的內心開始的。

◆忘掉失敗，不過要牢記失敗中的教訓。

◆不是境況造就人，而是人造就境況。

◆只要路是對的，就不怕路遠。

◆一滴蜂蜜比一加侖膽汁能夠捕到更多的蒼蠅。

◆真心地對別人產生點興趣，是推銷員最重要的品格。

◆一個能從別人的觀念來看事情，能瞭解別人別人心靈活動的人，永遠不必為自己的前途擔心。

◆當一個人先從自己的內心開始奮鬥，他就是個有價值的人。

◆生命對某些人來說是美麗的，這些人的一生都為某個目標而奮鬥。

◆推銷產品要針對顧客的內心，不要針對顧客的外表。

◆沒有人富有的可以不要別人的幫助，也沒有人窮的不能在某方面給他人的幫助。

◆如果寒暄只是打個招呼就了事的話，那與猴子的呼叫聲有什麼不同呢？事實上，正確的寒暄必須在短短一句話中明顯地表露出你對他的關懷。

◆昨晚多幾分鐘的準備，今天就少幾小時的麻煩。

◆學會拿望遠鏡看別人，拿放大鏡看自己。

◆事實上，成功僅代表了你工作的百分之一，成功是百分之九十九失敗的結果。

◆不要等待機會，而要創造機會。

◆成功的法則極為簡單，但簡單並不代表容易。

◆凡真心嘗試助人者，沒有不幫到自己的。

◆積極者相信只有推動自己才能推動世界，只要推動自己就能推動世界。

◆每一日你所付出的代價都比前一日高，因為你的生命又消短了一天，所以每一日你都要更積極。今天太寶貴，不應該為酸苦的憂鬱和苦澀的毀恨所銷蝕，抬起下巴，抓住今天，它將不再回來。

◆一個人最大的破產是絕望，最大的資產是希望。

◆行動是成功的階梯，行動越多，登得越高。

◆環境永遠不會十全十美，消極的人受環境控制，積極的人卻控制環境。

◆做對的事情比把事情做對重要。

◆「人」的結構就是相互支撐，「眾」人的事業需要每個人的參與。

◆競爭頗似打網球，與球藝勝過你的對手比賽，可以提高你的水準。

◆只要不斷找尋機會的人才會及時把握機會。

◆你可以選擇這樣的「三心二意」：信心、恆心、決心；創意、樂意。

◆無論才能之事多麼卓著，如果缺乏熱情，則無異紙上畫餅充饑，無補於事。

◆使用雙手的是勞工，使用雙和頭腦的是舵手，使用雙手、頭腦與心靈的是藝術家，只有合作雙手、頭腦、心靈再加上雙腳的才是推銷員。

◆磁鐵吸引四周的鐵粉，熱情也能吸引周圍的人，改變周圍的情況。

◆網路事業創造了富裕，又延續了平等。

◆沒有天生的信心，只有不斷培養的信心。

◆顧客後還有顧客，服務的開始才是銷售的開始。

◆忍別人所不能忍的痛，吃別人所不能吃的苦，是為了收穫得不到的收穫。

◆未遭拒絕的成功絕不會長久。

◆外在壓力增加時，就應增強內在的動力。

◆股票有漲有落，然而打著信心標誌的股票將使你永漲無落。

◆每天早上醒來，你最大資產是二十四個小時……你生命中尚未製造的材料。

◆如果要挖井，就要挖到水出為止。

◆成功絕不喜歡會見懶惰的人，而是喚醒懶惰的人。

◆做的技藝來自做的過程。

◆成功的信念在人腦中的作用就如鬧鐘，會再你需要時將你喚醒。

◆偉大的事業不是靠力氣，速度和身體的敏捷完成的，而是靠性格、意志和知識的力量完成的。

◆知識給人重量，成就給人光彩，大多數人只是看到了光彩，而不去稱重量。

◆做事最重要的就是不要去看遠方模糊的，而要做手邊清楚的事。

◆為明天做準備的最好方法就是集中你所有的智慧，所有熱忱的，把今天的工作做得盡善盡美，這就是你能應付未來的唯一方法。

◆如果我們都去做自己能力做得到的事，我們真會叫自己大吃一驚。

◆失去金錢的人損失甚少，失去健康得的人損失極多，失去勇氣的人損失一切。

◆在真實的生命裡，每件偉業都由信心開始，並由信心跨出第一步。

◆要冒險！整個生命就是一場冒險，走得最遠的常是願意去做、願意去冒險的人。

◆「穩妥」之船從未能從岸邊走離開。

◆一個人除非自己有信心，否則無法帶給別人信心。

◆障礙與失敗，是通往成功最穩靠的踏腳石，肯研究、利用它們，便能從失敗中培養出成功。

◆讓我們將事前的憂慮，換為事前的思考和計畫吧！

◆好的想法十分錢一打，真正無價的是能夠實現這些想法人。

◆智者一切求自己，愚者一切求他人。

◆金錢損失了還能挽回，一旦失去了信譽就很難挽回。

◆任何業績的質變都來自於量變的累積。

◆平凡的腳步也可以走完偉大的行程。

◆嘲諷是一種力量，消極的力量。讚揚也是一種力量，但卻是積極的力量。

◆誠心誠意，「誠」字的另一半就是成功。

◆領導的速度決定團隊的效率。

◆成功呈機率分布，關鍵是你能不能堅持到成功開始呈現的那一刻。

◆成功與不成功之間有時距離很短……只要後者再向前幾步。

◆空想會想出很多絕妙的主意，但卻辦不成任何事情。

◆高峰只對攀登它而不是仰望它的人來說才有真正的意義。

◆貧窮是不需要計畫的，致富才需一個周密的計畫，並去實踐它。

◆沒有一種不經由輕視、忍受和奮鬥就可以征服的命運。

◆當一個小小的心念變成行為時，便能成了習慣，從而形成性格，而性格就決定你一生的成敗。

◆自己打敗自己的遠遠多於被別人打敗的。

◆如果我們做與不做都會有人笑，如果做不好與做得好還會有人笑，那麼我們索性就做得更好，來給人笑吧！

◆這個世界並不是掌握在那些嘲笑者的手中，而恰恰掌握在能夠經受得住嘲笑與批評而不斷往前走的人手中。

◆成功需要成本，時間也是一種成本，對時間的珍惜就是對成本的節約。

◆行動是治癒恐懼的良藥，而猶豫、拖延將不斷滋養恐懼。

◆投資知識是明智的，投資網路中的知識就更加明智。

◆銷售是從被別人拒絕開始的。

◆好咖啡要和朋友一起品嘗，好機會也要和朋友一起分享。

◆生命之燈因熱情而點燃，生命之舟因拼搏而前行。

◆擁有夢想只是一種智力，實現夢想才是一種能力。

◆只有一條路不能選擇……那就是放棄的路；只有一條路不能拒絕……那就長的路。

◆人的才華就如海綿的水，沒有外力的擠壓，它是絕對流不出來的。流出來後，海綿才能吸收新的源泉。

◆只要我們能夢想的，我們就能實現。

◆只有千錘百鍊，才能成為好鋼。

◆肉體是精神居住的花園，意志則是這個花園的園丁。意志既能使肉體「貧瘠」下去，又能用勤勞使它「肥沃」起來。

◆一個人幾乎可以在任何他懷有無限熱忱的事情上成功。

◆強烈的信仰會贏取堅強的人，然後又使他們更堅強。

◆失敗是什麼？沒有什麼，只是更走近成功一步；成功是什麼？就是走過了所有通向失敗的路，只剩下一條路，那就是成功的路。

◆在世界的歷史中，每一偉大而高貴的時刻都是某種熱忱的勝利。

◆沒有熱忱，世界便無進步。

◆沒有什麼事情有像熱忱這般具有傳染性，它能感動頑石，它是真誠的精隨。

◆目標的堅定是性格中最必要的力量源泉之一，也是成功的利器之一。沒有它，天才也會在矛盾無定的迷徑中徒勞無功。

◆如果不想做點事情，就別想到達這個世界上的任何地方。

◆沒有那種教育能及得上逆境。

◆相信就是強大，懷疑只會抑制能力，而信仰就是力量。

◆那些嘗試去做某件事卻失敗的人，比那些什麼也不常是做卻成功的

人不知要好上多少。

◆恐懼自己受苦的人，已經因為自己的恐懼在受苦。

◆人性最可憐的就是：我們總是夢想著天邊的一座奇妙的玫瑰園，而不去欣賞今天就開在我們視窗的玫瑰。

◆征服畏懼、建立自信的最快最確實的方法，就是去做你最害怕的事，直到你獲得成功的經驗。

◆世界上最重要的事，不在於我們在何處，而在於我們朝著什麼方向走。

◆行動不一定帶來快樂，而無行動則絕無快樂。

◆對於最有能力的領航人，風浪總是格外地洶湧。

◆不要問別人為你做了什麼，而要問你為別人做了什麼。

◆成功不是將來才有的，而是從決定去做的那一刻起，持續累積而成。

◆你一天的愛心可帶來別人一生的感謝。

◆山不辭土，故能成為其高；海不辭水，故能成其深！

◆用行動祈禱比用言語更能夠使上帝瞭解。

國家圖書館出版品預行編目資料

勵志聖經 ： 卡耐基之人性的弱點與優點 / 戴爾. 卡耐基(Dale Carnegie) 著. -- 初版. -- 臺北市 ： 華志文化, 2017.09

面； 公分. --（全方位心理叢書 ； 27）

譯自 ： How to win friends and influence people

ISBN 978-986-5636-89-0(平裝）

1. 成功法

177.2 106012667

華志文化事業有限公司

系列／全方位心理叢書０２７

書名／勵志聖經：卡耐基之人性的弱點與優點

(How to win friends and influence people)

作者 戴爾．卡耐基(Dale Carnegie)

執行編輯 簡煜哲

美術編輯 楊雅婷

封面設計 王志強

文字校對 陳欣欣

企劃執行 張淑貞

總編輯 黃志中

社長 楊凱翔

出版者 華志文化事業有限公司

電子信箱 huachihbook@yahoo.com.tw

地址 116 台北市文山區興隆路四段九十六巷三弄六號四樓

電話 02-22341779

印製排版 辰皓國際出版製作有限公司

總經銷商 旭昇圖書有限公司

地址 235 新北市中和區中山路二段三五二號二樓

電話 02-22451480

傳真 02-22451479

郵政劃撥 戶名：旭昇圖書有限公司（帳號：12935041）

出版日期 西元二〇一七年九月初版第一刷

書號 C327

華志文化

華志文化